若狭中世城郭図面集 I

―若狭東部編（美浜町・若狭町）―

令和４年１０月

佐伯哲也

目　次

◎本書の概要説明

1．本書は福井県三方郡美浜町・三方上中郡若狭町の城館を対象とした。

2．本書は下記の通り4部構成とした。
　　①城館遺構　　　：城郭と断定できる遺構、および城郭本体の遺構
　　②城館関連遺構：城郭本体から遠距離に位置し、それ本体では城館とは断定できないもの。
　　　　　　　　　　「狼煙台」・「大手門」・「城主屋敷」と称されているものを言う。
　　③城館候補遺構：断定はできないが、城館の可能性を残しているもの。
　　④城館類似遺構：城館遺構に似ているが、城館とは別の遺構のもの。寺跡や水田・畑跡・塚
　　　　　　　　　　などの場合が多い。全く見当がつかないものも、これに含めた。

3．本書に記載する城館は、遺構がある程度確認でき、平面図（縄張図）が作成できる城館のみ
　　とした。従って、伝承のみで現地に遺構を残さないものについては記載していない。

4．本書は現況における詳細な平面図（縄張図）作成を第一義としている。従って伝説伝承・文
　　献史料・発掘調査の成果は、必要最小限の記載、あるいは省略しているケースがある。

5．各項目の①〜⑩の記載内容は下記の通りである。年代が明らかにできないものについては、
　　推定年代とした。複数の所在地に位置しているものについては、代表的な所在地についての
　　み記載した。
　　①所在地　②別称　③築城年代　④主要年代　⑤廃城年代　⑥主な城主　⑦形式　⑧現存遺
　　構　⑨規模　⑩標高・比高　⑪位置図番号

6．本書で扱う史料は下記の通りとする。
（1）『越前国古城跡并館屋敷蹟』は享保5年(1720)福井藩主松平吉邦の命によって編纂された。
　　　正確性には若干問題はあるものの、最初の越前総合城郭本としては、重要である。現在も
　　　城郭基本史料としての価値は失わない。以下、『城跡考』と略す。
（2）『日本城郭大系　第11巻　京都・滋賀・福井』（新人物往来社発行　1980）は『大系』と
　　　略す。
（3）『福井県の中・近世城館跡』（福井県教育委員会　1987）は『城館跡』と略す。
（4）『第15回企画展　古文書が語る朝倉氏の歴史』(福井県立一乗谷朝倉氏遺跡資料館　2006)
　　　は、『古文書が語る朝倉氏の歴史』と略す。
（5）『福井県立一乗谷朝倉氏遺跡資料館古文書調査資料1　朝倉氏五代の発給文書』（福井県
　　　立一乗谷朝倉氏遺跡資料館　2004）は、『発給文書』と略す。
（6）『福井県立一乗谷朝倉氏遺跡資料館古文書調査資料3　越前・朝倉氏関係年表』（福井県
　　　立一乗谷朝倉氏遺跡資料館　2010）は、『朝倉氏関係年表』と略す。
（7）『朝倉始末記』は『福井市史　資料編2　古代中世』（福井市 1989）のものを記載した。
（8）『福井市史　資料編1　考古』（福井市 1990）は、『福井市史資料編1』と略す。
（9）『福井市史　資料編2　古代中世』（福井市 1989）は、『福井市史資料編2』と略す。
（10）『福井市史　通史編1　古代中世』（福井市 1997）は、『福井市史通史編1』と略す。
（11）『福井県史　通史編2　中世』（福井県 1994）は、『福井県史通史編2』と略す。

(12)『福井県史　通史編3　近世一』（福井県 1994）は、『福井県史通史編3』と略す。

(13)『福井県史　資料編5　中・近世三』（福井県 1985）は、『福井県史資料編5』

(14)『戎光祥研究叢書　第 14 巻　戦国期越前の領国支配』（松浦義則 2017　戎光祥出版）は『戦国期越前の領国支配』と略す。

(15)『信長公記』。奥野高弘・岩沢愿彦校注。角川文庫 1993 年発行のものを使用した。

(16)『若狭郡県志』は元禄 6 年(1693)頃に小浜藩士牧田忠左衛門近俊が著した。以下、『郡県志』と略す。

(17)『戦国の若狭　人と城』（大森宏 1996　ヨシダ印刷）は『戦国の若狭』と略す。

(18)『若狭武田氏と家臣団』（河村昭一 2021　戎光祥出版）は『若狭武田氏』と略す。

(19)河村昭一「『国吉籠城記』における朝倉軍の侵攻年次について」『若越郷土研究』第 65 巻 2号（福井県郷土誌懇談会 2021）は『朝倉軍の侵攻年次』と略す。

７．巻末の位置図は、方位は上が北、縮尺は 1/25,000 を使用した。

８．城館の名称及び所在地については、統一性を図るため、『福井県の中・近世城館跡』（福井県教育委員会　1987）に準拠した。ただし、明らかな誤りについては、訂正した箇所もある。城館の読み方については、『日本城郭大系　第 11 巻　京都・滋賀・福井』に準拠した。

１０．筆者は平面図（縄張図）作成は、城館研究における重要な作業の一つと思っている。現況における詳細な姿を平面図作成によって一般に周知し、そのことによって城館を不慮の開発から守り、城館が地域史解明の遺跡として活用されることを切に願う次第である。

１１．平地城館の多くは私有地あるいは寺社境内地となっている。従ってほとんどが調査許可・掲載許可を得ることができず、掲載できなかった。痛恨の極みである。

１３．本書掲載の図及び表を一部及び全部を使用（転載）する場合の厳守事項

　本書掲載の図及び表を一部及び全部を使用（転載）する場合は、下記項目を厳守して下さい。このようなことを明記するのは本意ではありませんが、現在研究者の常識の無さ・モラルの低下が叫ばれており、ルールを無視した無断使用（転載）が目立っております。大変残念で悲しいことですが、本書掲載の図及び表を一部及び全部を使用（転載）する場合は、下記項目を厳守して下さい。これはインターネット等に掲載する場合も該当します。

①使用（転載）した作図（作表）の作図（作表）者の姓名を明記すること。姓のみは不可。姓名をはっきり明記すること。

②使用（転載）した本の名前及び発行社・発行者の名前・発行年を明記すること。

③使用（転載）の許可を書面にて作図（作表）者に申請すること。

④使用（転載）の許可を書面にて発行者に申請すること。

◎本書を読むに当たって
（基本的かつ最も重要なことなのに、定義が定まっていない城のホンネ）

　なにをもって「城」とするのか、これは城郭本を執筆する上で、最も根本的かつ重要な問題である。これが定まっていなければ、A者は城としたり、B者は城でないとしたり、バラバラな見解となり、研究者によってバラバラな内容となり、城郭数もバラバラとなる。笑い話のような話だが、実はこれが現状なのである（涙）。

　これは非常に根の深い話であり、「城」とはどのような施設をいうのか、という根本的な話となる。筆者は城の定義を「軍事（防御）を目的とした設備を備えた施設」としている。城は軍事に特化した施設であることは言うまでもない。軍事性が全く見られない「家」「屋敷」は城とは言えない。つまり「家」「屋敷」に軍事性を持たせてこそ、初めて城となるのである。従って居住性が見られない（平坦面が確認できない）ものでも、城とする理由はそこにある。

　ここで問題となってくるのが、見た目は石垣や土塁・堀を備えていても、それが軍事（防御）を目的とした設備かどうか、という判断である。

　傾斜した地形に屋敷地を構えようとしたら、斜面を切り開いて平坦面を造成し、場合によっては切岸崩壊防止の石垣も構築する。このパターンは最も城と間違いやすいケースである。寺社は堅牢な建物を構築しなければならないため、強風を受ける山頂や尾根上を避ける。その結果、斜面の平坦面は宗教施設の跡地であることが多い。しかし平坦面は広大であっても、それは「平坦面」であり、城とは言えない。

　畑等の耕作地も間違えやすいケースである。アメリカ軍が空撮した昭和２２年頃の写真を見ても、今では信じられないような山奥でも耕作地は存在していた。ところが昭和３０〜４０年代になると、さらにそれが広がっていることが国土地理院の空撮写真によって判明する。戦後、中国大陸の引揚者の入国等により人口増加となり、山奥の開墾が進んだという。それから既に５０〜６０年が経過し、当時を知る人間がいなくなった結果、城とされるケースが目立ってきている。耕作土が流出しないように、丁寧に平坦面を作成し、風雨で種子等が流されないように、あえて山頂や尾根上を避ける。つまり斜面の段々畑である。整然とした段々の平坦面であっても、例えそれが城の近くであっても、それは「整然とした段々の平坦面」でしかない。

　堀や土塁といえども必ずしも軍事（防御）設備とは言えない。山が重要な生活必需品供給場であった昭和３０年代以前において、境界線は厳重に定められていた。境界線となる大木や大岩・細尾根等明確な目印があればいいが、多くは何にもないただの山である。そんなとき設けられたのが溝（堀）であり、土塁なのである。場合によっては石垣の場合もある。集落の共有地の場合、集落の共同作業として構築されるので、とんでもない大きさとなる。さらに害獣（イノシシ等）除けとして設けられることもある。今も昔もイノシシ対策に頭を悩ませていたのである。

　寺社も土塁・堀を設ける。勿論寺院城郭として設けるものもあるが、そうでないケースの方が多い。寺社は結界（神域と限界の境界線）として堀を設けることが多い。また、権威の格付け・正面の荘厳性を増すために水堀や土塁を設けることも多い。これらは正面だけに設けて、他はガラアキとなっているので、防御設備との見分けはつきやすい。また寺社は屈曲出入り口も設けることがある。これも屈曲出入り口を通らなくても、どこからも出入り可能となっているため、防御設備としての虎口ではないことは明白である。

　このように見てくると、城か城でないかの見解は確立されている、というと、現実はそう簡単ではない。実際現地に立つと、非常に迷い、現在も迷っている遺構がある。それが「候補遺構」「類似遺構」であり、現在も迷っているものもある。迷って、迷って、迷い続けているのが現状である。その結果、故大森宏先生の大書『戦国の若狭　人と城』と違った内容となってしまった。天国の大森先生に土下座して謝りたい気持であるが、城と真摯に向き合った結果であり、お許しいただきたいと思っている。

　本書はこのように筆者の苦悩を抱え込んだ、そして今後も続くであろう「悩みのタネ」を暴露した著作でもある。このことを十分考慮されて読んでいただければ、望外の喜びである。

筆　者

I．城館遺構

1. 狩倉山城 (かりくらやまじょう)

①美浜町佐田　②－　③永禄年間？　④永禄～元亀年間　⑤天正元年？　⑥朝倉氏　⑦山城
⑧削平地・切岸・土塁・横堀・竪堀　⑨90m×130m　⑩標高70m、比高40m　⑪1

『国吉籠城記』によれば永禄6年(1563)以降、粟屋勝長（勝久の名前で呼ばれてきたが、近年実名は勝長であることが判明した(松浦論文)ため、本稿では勝長を用いる）が籠城する国吉城を、朝倉勢が攻めたことが記載されている。その『国吉籠城記』によれば、永禄9年朝倉氏が「駈倉山」に城郭を築いたことを記述している。この「駈倉山」（カリクラヤマと呼ぶ）の城郭は、現在2ヶ所考えられている。狩倉山城と、駈倉山城である。いずれも見事な遺構を残している。

狩倉山城は、南麓に若狭と越前を繋ぐ重要な街道だった丹後街道が通っており、交通の要衝である。さらに越前国境を越えた若狭の入口に位置し、若狭出兵を続けていた朝倉氏にとって、重要な進出拠点だったと考えられる。

A曲輪が主郭で、多少不規則な段が残るものの、ほぼ巨大な平坦面である。60m×50mもあり、多数の城兵を収容できる曲輪でもある。周囲に横堀（一部二重）を巡らせているが、塁線土塁を巡らせるまでには至っていない。南側には城外との連絡用として、土橋を設けている。土橋は廃城後に設けられたものが意外と多い。しかし、内堀・外堀の土橋を一直線に設けるのではなく、若干ずらして設けていることから、城郭としての土橋と考えて良い。

①は内堀の出入り口と考えられ、従って内堀は通路としても使用されていたと考えられる。さらに②は外堀の出入り口と考えられ、外堀も通路としても使用されていたと考えられる。

B曲輪は、主郭Aの前面に位置し、主郭Aを保護している。狩倉山城最大の弱点は北西の尾根続きと考えられるため、この縄張りは妥当なものと考える。B曲輪は主郭Aと内堀で隔てられ、かつ外堀で独立しているため、馬出曲輪と考えられる。地表面観察では確認できないが、尾根続き方向に向けて木橋を掛け、通路が存在していたのであろう。

B曲輪で注目したいのが、土塁③の存在である。尾根続きからどのようにB曲輪に入ったか現状では詳らかにできない。しかし、土塁③の南端④に木橋が掛かっていたと想定すれば、尾根続きから進攻してきた敵軍は、まずB曲輪からの横矢に長時間晒され、さらに土塁③に入っても主郭Aからの横矢に長時間晒されることになる。しかもいずれも少人数（恐らく一列縦隊）でしか進攻できない。極めて効果的な防御構造であり、土塁③の南端に木橋が掛かり、土塁③を通路として使用していた可能性は高い。馬出曲輪を設けているわりには、他の虎口は平虎口でしかなく、土塁や櫓台といった防御施設を伴っていない。さらに横堀を多用していながら、塁線土塁を巡らしていない。狩倉山城の特徴の一つである。

このように横堀を多用する城は、若狭に存在しない。逆に越前では、上野山城（あわら市）や天目山城（福井市）に存在する。注目したいのが、B曲輪のように長時間横矢が掛かる土塁通路を付属させた馬出曲輪の存在である。この類例も若狭では全く存在しない。逆に越前では、河上城（坂井市）や・春日山城（大野市）で見ることができる。これらの城は朝倉軍が構築した可能性が高いことから、狩倉山城も朝倉勢が構築した可能性が高いと言えよう。（狩倉山城の朝倉氏築城の可能性が高いのは、既に先学達が述べている。詳しくは特論参照のこと）

構築年代は、同じく土塁通路を付属させた馬出曲輪を持つ西光寺丸城（南越前町）が一つの目安となる。西光寺丸城は天正3年(1575)まで使用されていることが判明している。西光寺丸城は横堀と塁線土塁を用いた防御ラインを構築しており、狩倉山城よりも発達した縄張りを示す。従って狩倉山城の縄張りはそれ以前、永禄～元亀年間とすることができよう。

上記の推定は、『国吉籠城記』の永禄9年朝倉勢築城と一致する。河村昭一氏も疑問点の多い永禄年間の侵攻年次について、永禄9年はわずかな可能性が残るとしている（『朝倉軍の侵攻年次』）。しかし、朝倉氏は永禄4年以降若狭出兵を繰り返していることから、若狭・越前国境の軍事的緊張は高まっていたはずである。従って国吉城攻めも含めて、若狭侵攻の拠点として朝倉氏が永禄年間に築城したとすべきであろう。

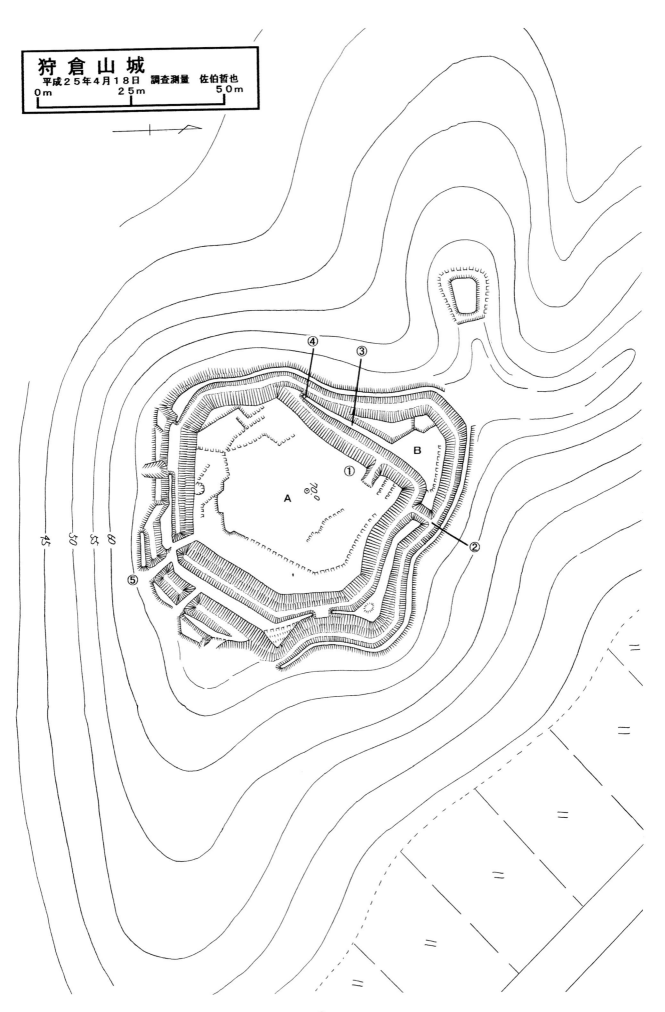

狩倉山城
平成25年4月18日　調査測量　佐伯哲也
0m　　　　25m　　　　50m

２．駈倉山城 （かりくらやまじょう）

①美浜町佐田　②－　③永禄９年？　④永禄９〜元亀年間　⑤天正元年？　⑥朝倉氏　⑦山城
⑧削平地・切岸・土塁・横堀　⑨220m × 90m　⑩標高212.8m　比高170m　⑪1

　『国吉籠城記』によれば、永禄９年朝倉氏が「駈倉山」に城郭を築いたことを記述している。この「駈倉山」（カリクラヤマと呼ぶ）の城郭は、現在２ヶ所考えられている。狩倉山城と、駈倉山城である（図１）。いずれも見事な遺構を残している。

　駈倉山城（図２）は、ほぼ単郭の城郭で、主郭はA曲輪。多少の段は存在するものの、50 m× 70 mの巨大な平坦面で、大人数の城兵を駐屯させることができる。塁線の全周に土塁を巡らす。土塁の内側には溝状の凹みが残っているので、土塁の土を採取した結果、溝状の凹みが発生したと考えられる。凹みが発生することにより貴重な平坦面の面積は減少するが、巨大ゆえにあまり影響はなかったのであろう。

　土塁の外側には、帯曲輪が巡る。部分的に土塁も巡って横堀を構築しているが、溝程度の小規模なもので、横堀と呼ぶには躊躇してしまう。土塁は自然地形に沿って巡らしているが、①地点のみ緩やかな横矢が見られる。これが横矢を意識して曲げたのか、地形状横矢折れのようになったのか判然としないが、結果的に虎口②に横矢を掛ける構造となっている。

　虎口は、北側（②）と南側（③）に認められ、いずれも尾根続き方向に開いている。虎口が開口していることから、尾根続きに当時の尾根道の存在を推定することができる。この内、虎口③方向の尾根が、越前側に伸びていることは、重要な事実として認めたい。

　いずれの虎口も櫓台と土塁で明確に構築している。虎口②は両脇を櫓台で固め防御力を増強しているものの、若干折れて入るのみで、完全な枡形虎口とは言い難い。さらに櫓台からは横矢は掛かるが、両櫓台が一直線に並んでいるため、横矢が掛かる時間は短い。ずらして喰い違いにすれば、完全な枡形となり、横矢が掛かる時間も倍以上に増えたはずなのに、何故かそうしていない。技術的な限界は感じるものの、土塁と櫓台で明確化し、若干折れて入る虎口としたことは評価できよう。

　虎口②の前面に、平坦面④がある。土塁と連結していることから、城郭遺構と推定させる。恐らく付近に小規模な木戸があり、平坦面④に城兵が駐屯し、関所のような役割をはたしていたのであろう。この虎口もほぼストレートに入る構造となっている。

　虎口③も櫓台と土塁で固めた明確な虎口である。この虎口の外側に、土塁⑤・⑥を付属させたB曲輪が存在する。横堀を隔てた対岸に位置することから、馬出曲輪の要素も兼ね備えていると考えられる。また、曲輪内は二本の土塁によって通路状の構造となっていることから、枡形虎口の要素も兼ね備えていると考えられる。

　馬出曲輪あるいは枡形虎口の要素を持つB曲輪だが、二つの不自然な点が存在する。一点目は⑧に土塁が存在していないことである。土塁⑤・⑥の先端は土羽打ちできれいに整形されていることから、後世に破壊されたのではなく、従来から存在していなかったと考えられる。土塁⑥を東側に曲げれば、土塁⑤との喰い違い虎口を造ることができ、さらに強力な連続虎口を構成することができたはずである。土塁⑦で北側に廻り込むことを遮断していることから、出入り口は⑧付近にあったことは確実である。なぜ大きく開口しているのか、まことに不自然な構造といえる。

　二点目は、虎口③の城外側に30 〜 50 cm程度の小段を設けており、ストレートに出入りできなくなっている点である。勿論階段等を設けて出入りしていた可能性は高いが、緩やかに下って城外に出ている虎口②と対照的な構造となっている。ただし、城兵にとっても小段は出入りの支障となるが、侵入した敵兵にとっても小段が邪魔をして虎口③に入れず、土塁⑤・⑥に囲まれた袋小路のような構造になっていると言える。侵入した敵兵から虎口③を防御する構造としては、一応理に適った構造と言える。

　今一度、土塁の構造を詳細に見てみる。土塁⑤は虎口③と接続しているが、途中に段が二ヶ所あり、虎口③と直結していない。一方、土塁⑥は途中に段もなく、虎口③と直結している。この

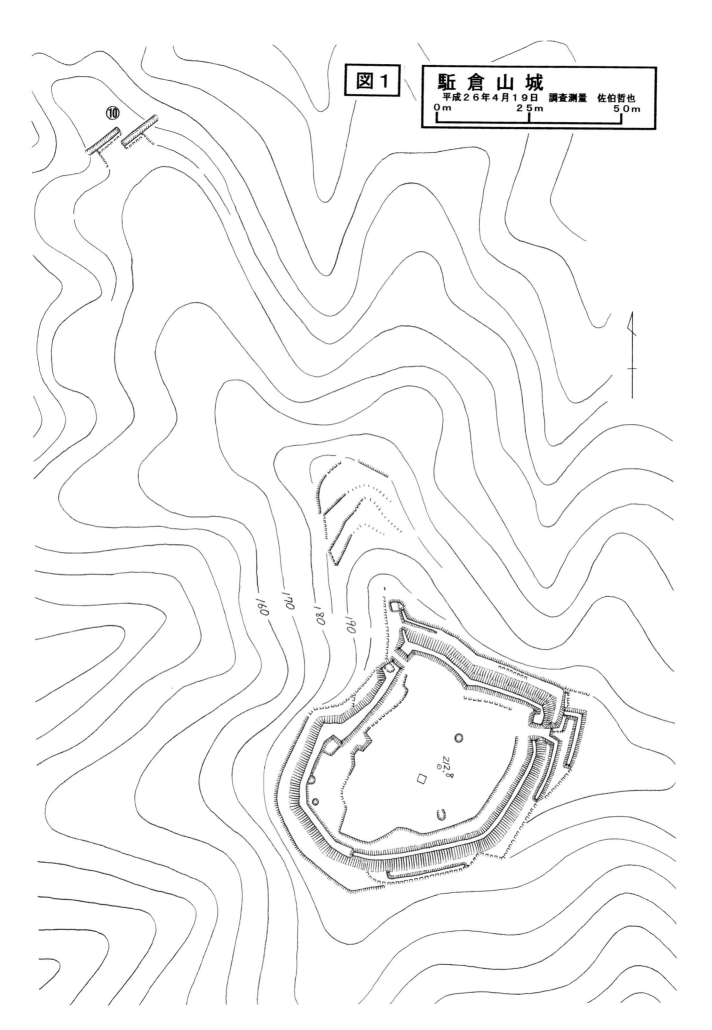

図1 　駈倉山城

平成２６年４月１９日　調査測量　佐伯哲也

0m　　　　　25m　　　　　50m

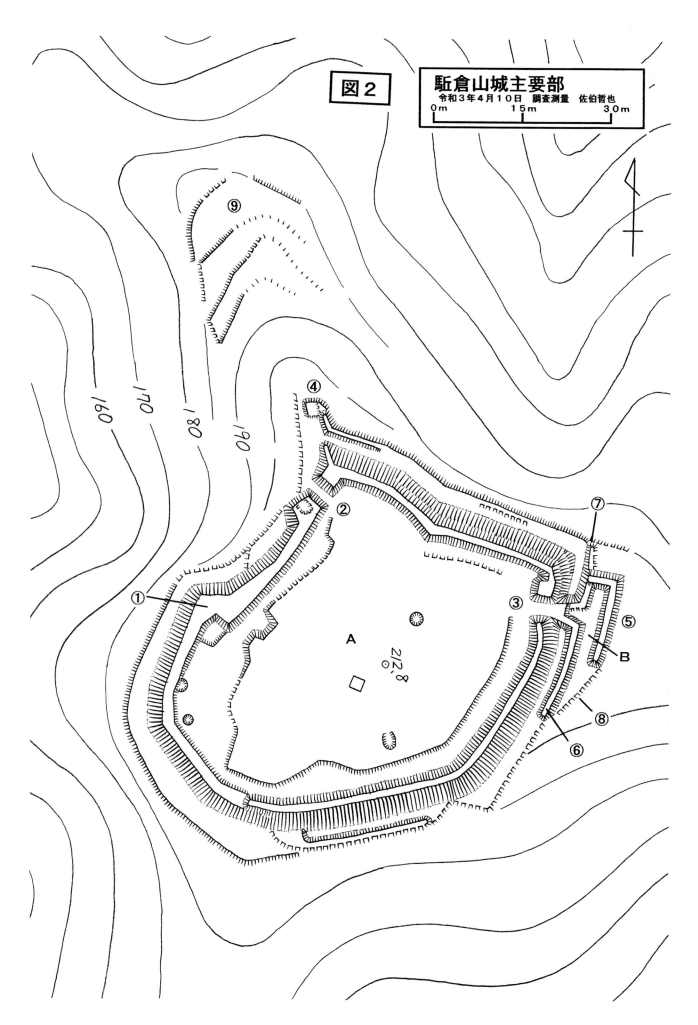

図2

駈倉山城主要部
令和3年4月10日　調査測量　佐伯哲也
0m　　　　　15m　　　　　30m

土塁⑥が土塁通路として使用され、虎口③と繋がっていたとは考えられないだろうか。そうすれば主郭Aの土塁から長時間横矢が掛かり、土塁⑥の存在意義が出てくる。土塁⑤の役割は、敵軍の直撃から虎口③を防ぐこと、そして敵軍を土塁通路⑥に誘導すること、この二つにあったのではなかろうか。

　勿論B曲輪には城兵が駐屯して虎口③を防御していたと考えられる。しかし敵軍の攻勢で形成が不利になると、駐屯していた城兵は主郭Aに撤退し、小段の階段も撤去してしまう。このため、城内に突入しようとする敵兵は、土塁通路⑥の上を歩かざるを得なくなってしまうのである。

　上記のように筆者は土塁通路⑥の用途を理解する。ただし、この考えでも⑧が大きく開口している理由を説明することができない。自論の泣き所である。

　敵軍の進攻方面に土塁通路を設けて虎口に直結させる構造は、珍しい虎口構造であり、駈倉山城の築城年代・築城者を推定する重要なカギとなる。

　虎口②から北側の尾根続きを１６０ｍ下った先に、竪堀を喰い違い状に並べた防御ライン⑩（図１）が存在する。駈倉山城のように主要曲輪群から離れた場所に防御ラインが存在する事例として、賤ヶ嶽合戦城塞群の田上山城（滋賀県）がある。こちらの防御ラインには外枡形虎口が付属しており、単純な喰い違い虎口の防御ライン⑩とは、技術的な進歩の差を認めることができる。

　⑨地点に残る小規模な平坦面は、城兵用の駐屯地とも考えられる。しかし標高は200ｍ程度で、十分耕作地として使用された可能性も残るため、仮説の範疇とさせていただく。

　それでは、駈倉山城は、何時・誰が構築したのであろうか。虎口②・③は構造的な共通点が認められ、土塁⑤・⑥も虎口③を保護する防御施設として当初から存在していたと考えられる。勿論後から付け足した痕跡も見受けられない。主郭Aを取り巻く遺構（防御ライン⑩を除く）はうまくまとまっており、築城者による築城当初の遺構と考えて良い。

　駈倉山城の先行研究として、高橋成計氏の一連の研究がある（高橋氏の先行研究論文については特論で詳述させていただくので、ここでは省略させていただく）。論文の中で高橋氏は、駈倉山城の縄張りは織豊系城郭の縄張りであり、賤ヶ嶽合戦城郭との類似性、文献史料から丹羽長秀方の勢力が天正１０年(1582)１０月頃に築城した可能性が高いと述べておられる。

　織豊系城郭の可能性について言及された高橋氏の慧眼には敬服する次第である。しかし敵軍の進攻方面に土塁通路を配置し、それに虎口を直結させた構造は、管見の限り織豊系城郭（賤ヶ嶽合戦城塞群含む）には見当たらない。従って織豊系城郭、特に賤ヶ嶽合戦前後の丹羽方築城に絞り込むのは無理なのではなかろうか。

　それでは土塁通路を直結させた虎口の事例は、周辺で確認できるのであろうか。残念ながら完全に一致する事例は見当たらない。しかし、朝倉氏は虎口前に馬出曲輪を配置し、さらに土塁通路を直結させる縄張りを古くから使用していた可能性がある（佐伯哲也「朝倉氏城郭の馬出について」『越前中世城郭図面集Ｉ』佐伯哲也　桂書房 2019）。越前では、河上城（坂井市）や・春日山城（大野市）がその代表例で、前項の狩倉山城も同事例である。このような事例から、筆者は駈倉山城も朝倉氏の築城の可能性が高いと考える。

　ここで問題となるのが、狩倉山城と駈倉山城の縄張りが大きく異なっていることである。狩倉山城は横堀を多用し、土塁や櫓台を用いない。駈倉山城は横堀をほとんど用いず、土塁や櫓台で虎口を明確化している。一見異なる人物による縄張りと思われがちだが、元亀元年(1570)朝倉氏は駈倉山城の縄張りを長比城（滋賀県）で大々的に採用している。さらに虎口は完全に屈曲させ、駈倉山城の縄張りをさらに発達させている。長比城の縄張りについては、賤ヶ嶽合戦説、あるいは関ヶ原合戦説も存在したが、近年実施された発掘調査で、元亀元年朝倉氏によって（あるいは技術提供）築城され、短期間の使用で廃城になったことが確認された（『長比城跡・須川山砦跡総合調査報告書』米原市教育委員会 2022）。つまり長比城との類似性から、駈倉山城も朝倉氏の築城の可能性が高まったのである。

　駈倉山城の虎口②は、長比城の虎口よりも技術的に若干劣るため、元亀元年以前の築城の可能性が高い。それは『国吉籠城記』の永禄９年朝倉氏築城記述と矛盾しない。しかし前項のように永禄９年説は不自然な点も存在するため、慎重にならざるを得ない（『朝倉軍の侵攻年次』）。永禄１１年若狭侵攻も存在することから、国吉城攻めも含めて、若狭進出の拠点として永禄年間に朝倉氏が構築したと、幅広く考えるのが現段階で妥当であろう。

３．岩出山砦 (いわでやまとりで)

①美浜町山上　②－　③永禄９年？　④永禄９～元亀年間　⑤天正元年？　⑥粟屋氏？・朝倉氏
⑦山城　⑧削平地・切岸・土塁・堀切　⑨180m×200m　⑩標高89.4ｍ　比高80ｍ　⑪1

『国吉籠城記』によれば、永禄９年(1566)朝倉氏侵攻にあたり、粟屋勝長の息子五右衛門勝家以下二百人余りが岩出山砦に籠城したとしている。つまり永禄９年には粟屋方の城郭（国吉城の出城）として存在していたことになる。前項のように永禄９年説はわずかな可能性が残されているため、籠城そのものについては、筆者は否定するものではない。

　南麓に腰越坂があり、そこに丹後街道が通る交通の要衝である。城内最高所のＡ曲輪が主郭である（図２）。腰越坂に続く南側の尾根に、二本の堀切①・②を設け、尾根続きを遮断する。南側の尾根は、過去に重機類で改変を受けており、堀切②直前までブルドーザー痕が残る。従って堀切②の土橋は、ブルドーザーの押し土が土橋状になった可能性も捨てきれない。

　主郭Ａは周囲に土塁を巡らし、土塁で構築した明確な枡形虎口③を持つ。Ｂ曲輪も土塁を巡らすが、主郭Ａよりも小規模で、この点からもＡ曲輪の方が主郭に相応しい。主郭Ａは城主や上級武士の駐屯地、Ｂ曲輪は下級武士の駐屯地なのであろうか。

　虎口③から城道が堀切④方向へ伸びている。つまり虎口の出入り方向が東麓にあったことが判明する。東麓から登ってきた敵兵は、二度９０度屈曲して虎口③に入ったと考えられる。このとき、土塁⑤によって強制的に左折させられていることに注目したい。土塁⑤の存在意義は大きく、堀切①・②を越えて侵攻してきた敵兵を、虎口③に入れなくする効果も持つ。虎口③そのものは平虎口だが、主郭Ａの南西部を大きく張り出させ、長時間敵兵に対して横矢が効く構造となっている。さらに虎口前面に塁線土塁を設けて、敵兵の行動を著しく制限させている。発達した構造を持つ虎口と評価できる。

　筆者は主郭をＡ曲輪と述べたが、不安もある。通常だとＡ曲輪に長時間横矢に晒されて、最奥のＢ曲輪に辿り着く。つまりＡ曲輪がＢ曲輪の防御をしているのであり、Ｂ曲輪がＡ曲輪の上位の曲輪、従ってＢ曲輪が主郭という解釈になってしまう。残念ながらＢ曲輪は、過去の山留工事で破壊されており、旧状を知ることは不可能となっている。従ってこれ以上の推定は不可能であり、疑問点を提示するだけにしておきたい。

　さて、曲輪の一部を大きく張り出させて虎口に横矢を掛ける、この構造は、丁野山城（滋賀県）・中島城（滋賀県）の虎口にも確認でき、変則的ではあるが上平寺城（滋賀県）でも確認できる。

　丁野山城・中島城の先行研究として、高田徹氏の一連の研究がある（高田徹「賤ヶ岳城塞群の評価に関する一考察」『賤ヶ岳合戦城郭群報告書』滋賀県長浜市教育委員会 2013、高田徹「城郭構造からみた「姉川・小谷合戦関連城郭群」について」『長比城跡・須川山砦跡総合調査報告書』米原市教育委員会 2022）。高田氏は一連の報告書の中で、丁野山城・中島城は天正元年(1573)朝倉氏によって築城されたと推定している。高田氏の遺構を読み取る洞察力には敬服する次第であり、筆者も氏の推定に賛同する。

　上記考えに従えば、岩出山砦は天正元年朝倉氏によって築城されたことになる。土塁による虎口の明確化・塁線土塁の配置は、元亀元年～天正元年における北近江の朝倉氏築城城郭群と一致するものであり、天正元年朝倉氏築城としても何等矛盾点はない。

　しかし、『国吉籠城記』の永禄９年粟屋勝家籠城の記述と矛盾してしまう。粟屋氏の縄張り技術を残す数少ない城郭として、土井山砦がある。土井山砦も半壊状態にあるが、それでも明確な虎口や塁線土塁は確認できない。岩出山砦の縄張りと大きく異なる。少なくとも塁線土塁で囲まれた主要遺構群は粟屋氏ではなく、朝倉氏とするのが素直な解釈であろう。一方、北東尾根に残る小平坦面群（図１）は、城郭遺構として良いのかという根本的な問題も残すが、年代の確定は難しい。従って、粟屋氏・朝倉氏の両方の可能性を残す。

　以上の理由により、粟屋氏の築いた岩出山砦を朝倉氏が全面改修したと考えたい。改修時期については、上平寺城の類例も考慮して、元亀元年～天正元年と幅広い年代観を与えたい。

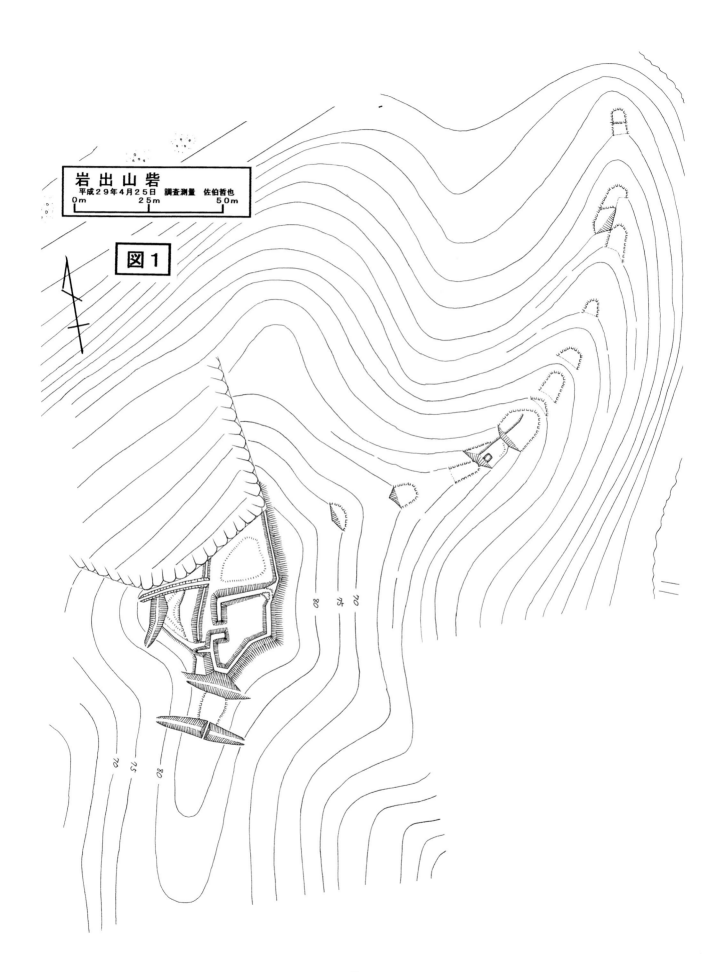

岩 出 山 砦
平成29年4月25日　調査測量　佐伯哲也

0m　　　　25m　　　　50m

図1

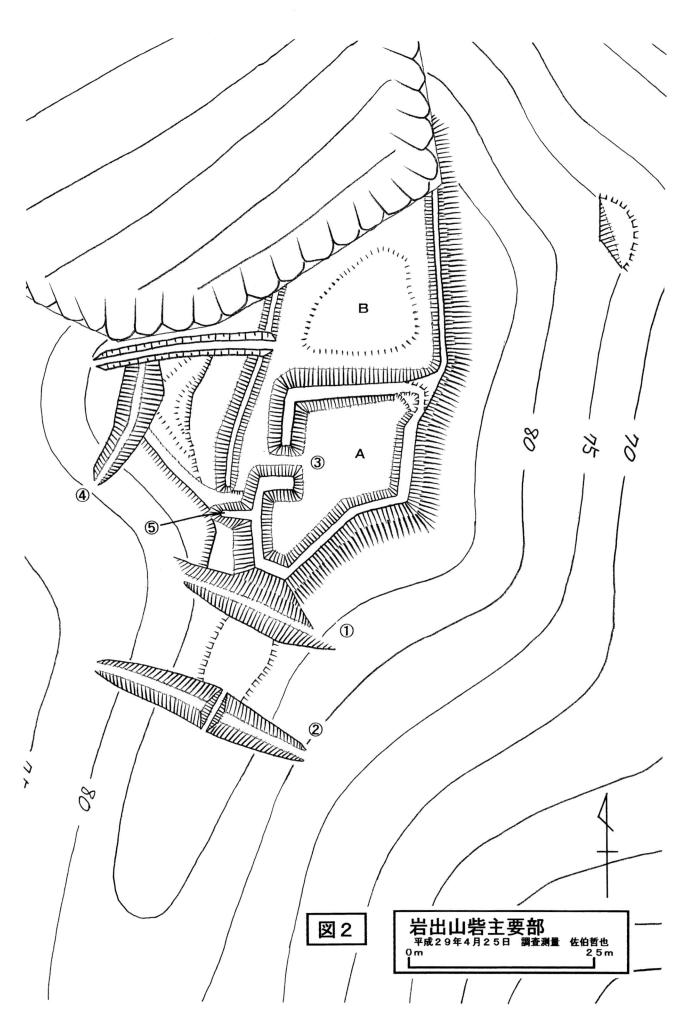

図2　岩出山砦主要部
平成29年4月25日　調査測量　佐伯哲也
0m　　　　　　　25m

4. 山上田ノ上城 (やまがみたのうえじょう)

①美浜町山上 ②－ ③16世紀後半 ④16世紀後半 ⑤16世紀後半 ⑥粟屋氏？ ⑦山城
⑧削平地・切岸・堀切 ⑨50m×70m ⑩標高90m 比高70m ⑪1

　近世・近代の地誌類に一切記録されていない。『みはまの城　〜あなたの近くに城はある〜』
（若狭国吉城歴史資料館 2014）によれば、「様相：山城　時代：戦国」と記載されている。
国吉城の出城と伝承されている。丹後街道には面していないが、脇道に面した（『三方郡誌』福
井県三方郡教育委員会 1911）交通の要衝である。また、山麓から国吉城の背後に回り込む敵軍
を阻止するのに適した位置とも言える。
　『国吉籠城記』によれば、永禄7年(1564)朝倉氏は伏見ヶ嶽（御岳山）の下から立岩の尾根筋
に登り、国吉城を見下ろしたとされている。この立岩の尾根筋は確定できないが、国吉城の背後
に廻り込めれる尾根道が存在していたことが推定される。この尾根道は国吉城にとって弱点ポイ
ントであり、尾根道を取られないことが国吉城防御の重要ポイントになっていたことが推定でき
よう。とすれば、粟屋氏が朝倉氏侵攻も含めて、国吉城を防御する出城として築いたという推定
も可能であろう。ただし、前述の論文で河村昭一氏は永禄7年説そのものを疑問視しておられる
ため、年次については確定できない。
　現在城跡に小社が建っているが、保存状態は良好である。北側は小社の参道で破壊されている
が、周囲を切岸で囲もうとしていた意識を読み取ることができる。背後は二重の堀切で見事に遮
断している。この二重堀切の存在から、築城年代を16世紀後半と推定することができる。
　一部破壊されているが、明確な虎口や塁線土塁は見当たらない。これは前述の土井山砦と同じ
である。これを粟屋氏の築城思想とすることができないだろうか。

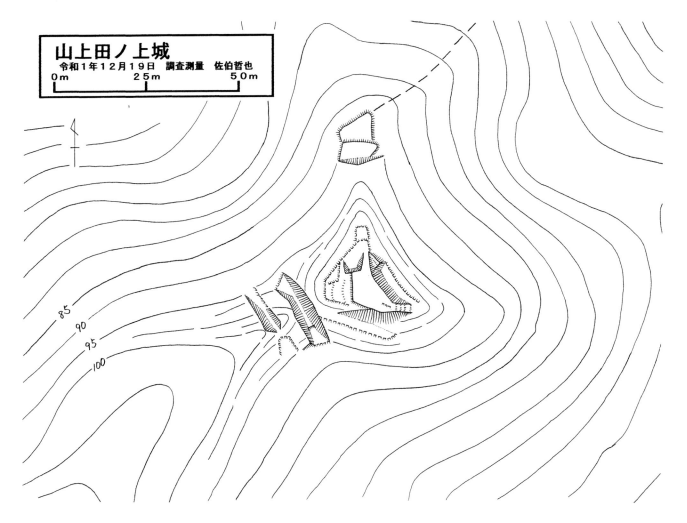

山上田ノ上城
令和1年12月19日　調査測量　佐伯哲也
0m　　　25m　　　50m

５．中山の付城（なかやまのつけじろ）

①美浜町太田　②芳春寺城　③永禄７年？　④永禄７～元亀年間　⑤天正元年？　⑥朝倉氏　⑦山城
⑧削平地・切岸・土塁・堀切・竪堀　⑨180m×50m　⑩標高145.5m　比高100m　⑪1

『国吉籠城記』によれば、永禄７年(1564)朝倉氏が国吉城攻めにあたり、太田芳春寺裏山に築いた城が、中山の付城とされている。同書によれば、翌永禄８年再度若狭に攻め入った朝倉軍に対し、国吉城の粟屋軍が中山の付城に忍び込んで放火し、朝倉軍は撤退したとしている。この後、中山の付城は一旦放棄される。『朝倉始末記』・『越州軍記』によれば天正元年(1573)朝倉軍が中山の付城を築城したとしている。

天正元年(1573)８月１３日、越前に敗退する朝倉軍を追撃する織田信長は、近江北部の朝倉氏城郭も次々と攻め落とす。このとき『信長公記』によれば「若州粟屋越中所へさし向ひ候付城」も攻め落としたと記述している。この「付城」が具体的にどの城を示しているのか不明だが、中山の付城も含まれていて、天正元年織田軍の攻撃によって落城した可能性は高い。

中山の付城は、西麓に丹後街道、東麓に脇道が通る交通の要衝である。古くから知られているため、先行研究論文は多い。詳しくは特論で紹介し、本稿では省略する。

Ａ曲輪が主郭。南端に櫓台③を設け、堀切④で国吉城に繋がる尾根を断ち切る。国吉城方面を警戒した縄張りと言える。周囲に土塁を巡らし、虎口①・②を設ける。虎口①・②はほぼ東西に並び、計画性が認めることができる。さらに、櫓台を設ける共通性も認められるため、同一人物が同時代に構築したと考えられる。虎口①・②は主郭を防御する最も重要な虎口でありながら、ほぼストレートに入れてしまう。つまり枡形虎口にまで発達していないのであり、枡形虎口より一世代古い虎口と考えられる。この点、駈倉山城の虎口との類似性を指摘することができよう。

北及び東側にＢ・Ｃ曲輪を付属させる。かつて主郭とＢ・Ｃ曲輪の間に堀切等があって、それを埋め戻した形跡は見当たらない。さらに塁線土塁で繋がっている。従ってＢ・Ｃ曲輪は後に付け足されたのではなく、Ａ・Ｂ・Ｃ曲輪は同時代・同一人物によって構築されたと考えて良い。ただしＤ曲輪は未完成と考えられるため、後に防御力増強のために付け足された可能性がある。

虎口①から出るとＣ曲輪に至り、虎口⑥から城外に出る。このとき櫓台③からの横矢が効き、また竪堀⑦が、国吉城方向（堀切④から南側の尾根続き）からの逆襲を防御してくれる。これは、Ｃ曲輪は国吉城方面のみに明確な土塁を巡らしていることと、同様の処置といえる。虎口⑥からは、丹後街道脇道に繋がっていたのであろう。脇道方面には堀切⑧を設けるが、小規模であり、完全に遮断していない。

一方、虎口②からはＢ曲輪を通らず城外で出ることができる。しかし、長時間主郭Ａ・Ｂ曲輪からの横矢に晒され、竪堀⑤を渡らなければＤ曲輪に到達することはできない。攻める敵軍にしてみれば、どちらも侵攻困難なルートだったと言えよう。

Ｄ曲輪からは、丹後街道に至っていたと考えられる。つまり中山の付城の縄張りは、どちらの街道にも退避でき、どちらの街道とも強く繋がっていたと言えよう。

さて、現存遺構は天正１１年(1583)賤ヶ嶽合戦城塞群との類似性が指摘されている。しかし城塞群の主要虎口の導線は、明確な屈曲線を設けている。しかし虎口①・②は明確な屈曲線は設けておらず、城塞群より古い段階の虎口と言える。一方、長比城は元亀元年(1570)朝倉氏の技術を導入してに築城され、短期間で廃城になったことが判明した（滋賀県、『長比城跡・須川山砦跡総合調査報告書』米原市教育委員会 2022）。長比城の虎口の導線は、明確に屈曲していることから、中山の付城はさらに古く、永禄年間に構築されたと推定できるのである。

永禄年間における朝倉氏の若狭侵攻は永禄９(1566)・１１年の二回が想定される（『朝倉軍の侵攻年次』）。永禄１１年は国吉城を攻めていないが、小浜までの遠征を可能にするには、中山の付城等を築城し、敵味方定かでない不穏勢力の粟屋氏を国吉城に釘付けさせる必要性があったと考える。永禄９・１１年のいずれかに朝倉氏によって築城された可能性は高いと考える。そしてＤ曲輪の存在により、幾度か改修され、天正元年まで使用されたという仮説が立てられよう。

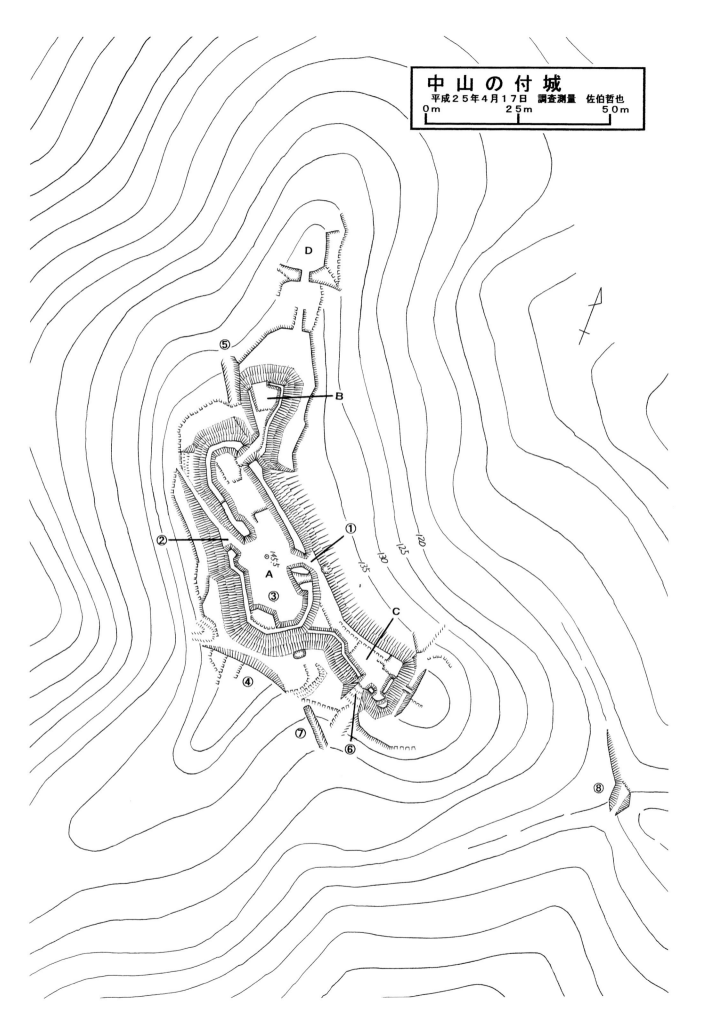

中山の付城
平成25年4月17日 調査測量 佐伯哲也
0m 25m 50m

６．国吉城 （くによしじょう）

①美浜町佐柿　②佐柿城　③南北朝期？　④１６世紀　⑤１７世紀前半　⑥粟屋氏・木村氏・浅野氏・木下氏・京極氏　⑦山城　⑧削平地・切岸・堀切・土塁・石垣　⑨500m×400m
⑩標高197.3m　比高160m　⑪6

１．歴史

　『国吉籠城記』で有名な、粟屋越中守勝久の居城として知られている。もっとも勝久の実名は「勝長」だったことが近年判明（松浦義則「戦国末期若狭支配の動向」『福井県文書館研究紀要１７』2020）したため、本稿では粟屋勝長とする。国吉城は南北朝期の古城を、弘治２年（1556）勝長（勝久）が利用して築城したと伝わる（大野康弘「国吉城」『北陸の名城を歩く福井編』吉川弘文館 2022。以下、大野論文と略す）。これに対して「若狭武田氏」は、三方郡の東部（美浜町）に武田氏譜代家臣がいなかったため、若狭守護武田義統が永禄元年（1558）８月頃に三方郡東部を統括する人物として粟屋勝長を抜擢し、国吉城に配置したのではないかという仮説を提唱している。そして「勝長の出自については手がかりがなく、不明である」としている。かつて武田氏重臣として繁栄を誇った粟屋越中守家との関係は不明のままである。いずれにせよ、勝長は武田家譜代クラスの重臣といえよう。

　国吉城の歴史でもっとも有名なのが、朝倉氏による国吉城攻めであろう。『国吉籠城記』によれば、勝長が主家武田家に反旗を翻したため、それを討伐するために朝倉氏が攻めたとする。攻めた年代は、永禄６（1563）・７・８・９・１０・１１年とする。永禄６〜９年はいずれも粟屋軍が朝倉軍を撃退し、永禄１０年は朝倉軍が山麓の集落で狼藉を働くのみとしている。そして永禄１１年は朝倉軍は国吉城を素通りして小浜後瀬山城まで遠征し、当主の元明を越前へ連行してしまう。連戦で疲弊したのか、粟屋軍は交戦せず、朝倉軍が越前に引き上げるのを見ていただけとしている。

　この攻城年代に疑問を投げかけたのが、河村昭一氏（『朝倉軍の侵攻年次』）である。氏の若狭武田氏に対する研究の奥深さには、心の底から敬服する次第である。河村氏は永禄６（1563）・７・８・９・１０年の攻城戦は、可能性がゼロではない永禄９年以外は、史実として認め難いとしている。永禄１１年も朝倉軍は小浜に遠征しただけで、粟屋軍との交戦はなかったとしている。筆者も河村説に従いたい。ただし、朝倉軍が小浜遠征を実行するにあたり、後顧の憂いを断つために、敵味方定かでない（恐らく敵）粟屋軍を国吉城に封じ込めなければならない。粟屋軍に丹後街道を封鎖されたら、朝倉軍は若狭で孤立してしまう。このような状況にならないためにも、朝倉軍は中山の付城等を築城した可能性は十分あったと筆者は考える。

　ちなみに勝長は、連歌に興味を持っていたのであろうか。永禄１２年（1569）６月５日、当代随一の連歌師里村紹巴が若狭小浜の浄土寺で宿泊していたので、勝長は浄土寺に薪炭を届けている（『若狭武田氏』）。勝長が武辺のみの武将でなかったことを物語る。

　元亀元年（1570）４月、勝長を含む若狭国衆の大半は、朝倉攻めのため若狭に入国した織田信長に臣従する。『信長公記』は信長が４月２３日「佐柿粟屋越中所に至って御着陣」し、翌日も逗留したと記載している。この「佐柿粟屋越中所」とは国吉城のことであろう。

　河村氏は『朝倉軍の侵攻年次』の中で、朝倉軍が国吉城を攻めた確実な年代は、元亀２（1571）・４年（天正元年）としている。元亀２年は不明な点が多く、９月１９日に早瀬で合戦があったこと、早瀬城を朝倉軍が奪取したこと、朝倉軍が１１月に帰陣したことしか判明していない。早瀬とは三方郡早瀬のことと推定される。早瀬城は美浜町早瀬に存在していたと考えられるが、所在地について諸説紛々としており確定していない。筆者は諸説の全てを現地調査したが、明確な城郭遺構は確認できなかった。つまり構造は勿論のこと、位置すら不明の「謎の城」なのである。早瀬は国吉城より約６㎞も小浜側に入った場所である。とすれば当然国吉城の山麓を通らなくてはならず、反朝倉方である国吉城の粟屋勝長と合戦になったはずである。朝倉軍の在陣が３ヶ月にも及んだのは、朝倉軍が苦戦を強いられていたことを物語っているのであろう。

元亀４年は『越州軍記』によれば、３月に義景が敦賀に出陣し、４月中旬に山崎吉家・魚住景固等三千余騎が佐柿城（国吉城）の粟屋勝長を攻め、中山の付城を築いたとしている。今回も朝倉軍は国吉城を攻略できず、義景は５月に帰陣している。朝倉氏が執拗に国吉城を攻めたのは、近江遠征の根拠地である敦賀の絶対確保であったことは言うまでも無い。

　いずれにせよ国吉城は朝倉軍の猛攻で落城しなかったと考えられ、難攻不落の堅城ということを実証している。

　天正元年朝倉氏が滅亡すると、若狭一国は丹羽長秀に宛がわれる。もっとも長秀は本拠の江州佐和山城に居城しており、領国の管理や若狭国衆の目付は、家臣の溝口秀勝が行っていたようである（『福井県史通史編３』）。勝長を含む若狭国衆は若狭衆と呼ばれ、長秀の支配下に置かれた。若狭衆は居城在住・領地支配を許されており、勝長も国吉城に居城していたと考えられる。この後も勝長は一貫して織田方であり、天正３年(1575)越前一向一揆討伐や天正６年播磨神吉城攻めに織田方として従軍している。

　天正１０年(1582)６月本能寺の変で織田信長が自刃すると、羽柴秀吉と柴田勝家の抗争が表面化してくる。当時羽柴方だった長秀は、同年１０月２１日付書状（「山庄家文書」『戦国の若狭』）で若狭衆を江北の海津に集合させて勝家の南下に備えている。さらに同書状で、粟屋勝長・熊谷直之・山県秀政等に「又其地普請何程出来候哉、雨ふり候共、油断可被申付候、何程出来候ヲ可承候」と命じている。つまり「其地普請」を雨が降っても続行し、進捗状況を報告せよと述べているのである。

　さて「其地普請」がどこなのか、非常に重要な問題であるが、残念ながら不明とせざるをえない。勝家との軍事的緊張が高まって、若狭衆に城の普請を命じているのだから、各々の居城の普請（改修）と考えるのが一番自然であろう。当然越前・若狭国境の軍事的緊張も高まり、国境に近い中山の付城も、このとき改修されたとする仮説も成立する。しかし、国境とは全く無関係の熊谷直之・山県秀政にも命じていることから、その可能性は低いと言わざるを得ない。やはり不測の事態に備えて居城の改修を命じたと考えるのが最も妥当ではなかろうか。従って国吉城はこのとき改修された可能性は残る。

　天正１０年１０月には海津にいた可能性の高い丹羽長秀だが、翌天正１１年２月には「いまだ若州佐柿に有之儀候」（「天正１１年２月２７日付丹羽長秀書状」『戦国の若狭』）と長秀は国吉城に在城していたことが判明する。そして同年３月２５日前田利家書状（『新修七尾市史』）には「惟五郎左（丹羽長秀）、敦賀群内へ被働候、武助（武藤康秀）・柴田三左（柴田勝政）・金吾（金五なら金森長近）掛合、足軽合戦にて首五六十程討捕候、是又仕合能候、其儘若州江被討入候」とあり、丹羽軍が敦賀郡に攻め込んで柴田軍と合戦になったが、柴田軍が勝利し、そのまま柴田軍は若狭に侵攻したと記述する。

　このように若狭・越前国境は、丹羽・柴田軍が軍事衝突するほど緊張が高まっており、国境に位置する中山の付城も再利用された可能性はある。しかし、天正１１年当時と思われる遺構は確認できず、仮に使用したとしても永禄・元亀の遺構をそのまま使用するに止まったと考えたい。

　賤ヶ嶽合戦後、勝長は勝者側にいたにもかかわらず転封され、さらに転封先も詳らかにできない。秀吉政権は、国人の旧領支配を許さなかったのである。

　勝長転封後は、羽柴秀吉直臣の木村常陸介定光が国吉城主となる。その後は、大野論文が詳しいので、それに準拠して記述する。定光以後は、堀尾吉晴・丹羽長重配下の江口氏を経て再び定光が城主となり、城下町を整備したとされている。

　定光の後は、若狭国に浅野長政・木下氏が入り、それぞれ重臣を置く。慶長５年(1600)若狭一国を与えられた京極高次は、重臣の多賀越中守を国吉城に入れた。寛永１１年(1634)京極氏に替わって譜代大名の酒井忠次が入封すると、国吉城は廃城となり、翌年佐柿奉行所が新築される。

２．縄張り

（１）現状

　越前・若狭・丹後を繋ぐ丹後街道が山麓を通る交通の要衝である。　城山山頂の主要曲輪群と、山麓の居館から構成されている。主郭は山頂のＡ曲輪（通称本丸）である。南側の尾根続き方面

には、櫓台③と連続堀切を設けて警戒する。ただし、櫓台③直下には小平坦面を設けているので、完全に遮断しているわけではない。これを裏付けているのか、連続堀切も小規模なもので、完全に尾根を遮断していない。御岳山へと続く尾根に城道が存在していたのかもしれない。

主郭Aには、虎口①・②が存在する。②は地表面観察では内枡形虎口と推定できるが、①は確認しずらい。①の直前に内枡形虎口が存在しているため、平入りだった可能性がある。①は石垣を大量に用い、しかも鏡石まで用いているため、①が大手虎口として良い。礎石と推定される石も存在しているため、実際に重厚な門が存在していたようである。

鏡石を用いた虎口は、天文～永禄年間の守護・守護代の拠点に散見されている。従って若狭守護武田氏重臣の粟屋勝長が用いたと解釈できなくもない。しかし虎口には櫓台も付属し、しかも櫓台までも石垣で固められているため、やはり織豊系武将による構築と考えられよう。

虎口②方向の尾根には、丹後街道が通る腰越坂が通っているため、こちらにも城道が存在し、これに対応するのが虎口②なのであろう。尾根続きを完全に遮断する堀切等が存在しないのも、それを裏付けている。ただし、後述のように虎口①方向にB～Eの主要曲輪群を配置した椿坂方向と比較すると、明らかに曲輪数は少ない。城主がどちらをより警戒していたか判明する。

搦手虎口と推定できる虎口②や櫓台③は、石垣をほとんど用いていない。さらに櫓台③は地表面観察だが礎石も確認できない。従って重量構造物（重層櫓）が建っていたとは想定し難い。主郭の大手方向で用いている虎口①周辺の石垣用法とは、対照的な構造である。断定はできないが、防御を主眼とした石垣というよりも、視覚効果を狙った演出として石垣を用いているような気がする。

虎口①からH曲輪までの、現存使用している遊歩道には石段も残っていることから、遊歩道＝当時の城道として良い。城道の左右に効果的に石垣を設けており、登城する武士達の視野に必然的に映る仕組みとなっている。やはり城主権力の誇示を狙った演出に重点を置いた石垣と見て取れよう。

H曲輪までは明確に城道を読み取れるのに、H曲輪とⅠ曲輪を繋ぐ城道は読み取れない。これはB～K曲輪の城道が読み取れることからも異質である。一つの仮説として提示したいのは、B・H間に木橋が掛かっていた可能性を指摘できる。というのも、B・H間の堀切の両岸を石垣で固めているからである。両岸を石垣で固める理由は、木橋が掛かっていたと考えることも可能である。一段下がっている⑤地点に木橋が掛かっていた可能性は高い。B曲輪が陥落すれば、比較的簡単に主郭Aに到達することができる。最後の抵抗を試みるために、堀切で遮断し、いざという時に木橋を切り落としたのではなかろうか。ただし、この仮説の泣き所（弱点）は、B曲輪に入る虎口を推定することができないことである。発掘調査で是非解明してほしい。

H・Ⅰ曲輪は、K曲輪及びF曲輪方向から登城する武士達が多く目にする曲輪である。従って石垣を広範囲に用いている。いずれも視覚効果を狙った演出効果を期待しているのであろう。

B曲輪の東西両切岸に石垣が確認でき、特に西切岸の石垣はほぼ一直線に設けられ、Ⅰ・C曲輪を繋いでいる。恐らく石垣上には、B曲輪頂部を通らずにⅠ・C曲輪を繋ぐバイパスのような通路が存在していたのであろう。

J曲輪に残る竪穴は井戸と考えられる。井戸は山上で籠城する上において、必要不可欠な施設だったであろう。

C曲輪からは、ほぼ土造りの曲輪となり、各曲輪の虎口は明確化となる。E曲輪は土塁通路の平虎口、C・D曲輪は内枡形虎口となる。C曲輪は細長い通路を付属させ、曲輪内から長時間横矢が効くように設定させ、さらに竪堀と石垣を併用して、強制的に敵軍を虎口に入れさせる構造となっている。D曲輪は竪土塁を付属させて、多人数が虎口に進攻できないようにしている。単純な内枡形虎口ではなく、高い技術力の虎口と言えよう。これに対してE曲輪は土塁通路の平虎口でしかなく、技術の差を読み取ることが可能であり、時代差を読み取ることも可能である。K曲輪から先は竪堀を配置して、やはり大軍での侵攻を阻止している。

このように、椿峠方向には多数の曲輪を配置しており、厳重に警戒していると言える。しかし大堀切を設けて完全に遮断はしていない。これは丹後街道が通る椿峠から重要な城道が延びてきているためと言えよう。

F曲輪は通称二ノ丸と呼ばれている。名称は主郭に次ぐ重要な曲輪だが、主要曲輪群から孤立

している。F曲輪は、山上の主要曲輪群には全く存在しない塁線土塁を巡らし、さらに喰い違い虎口⑥を設けており、主要曲輪群とは違った思想の縄張りを読み取ることができる。

F曲輪で最も注目したいのは、喰い違い虎口⑥である。前述のとおり主要曲輪群には存在せず、そして曲輪のほぼ中央に設けていることである。これでは曲輪の平面スペースが減少してしまい、城兵の自由な行動も阻害してしまう。曲輪としての機能を著しく減少させてしまっているのである。つまり、曲輪としての機能ではなく、虎口としての機能を重視していると言える。

かくも巨大かつ明確な喰い違い虎口⑥を設けた理由は、一体何だったのであろうか。一つ考えられるのが、F曲輪に重要な登城路が通っていたことである。しかも必要以上に巨大なことから、石垣とは違った視覚効果を持たせていたことも想定できる。とすれば、山麓居館からの登城路がF曲輪を通過していたとは考えられないだろうか。現在は⑧からF曲輪を通過せずにI曲輪に入っている。この道の存在も否定しないが、やはり⑦の通路が気になる。正式な登城路は、④からメイン平坦面のGに入り、青蓮寺が存在したと伝わるLを見下ろしながら⑦を通って尾根を登り、F曲輪に至ったのではないだろうか。このように解釈すれば、喰い違い虎口⑥を設けた理由をスムーズに説明説明することができる。

ただし、喰い違い虎口⑥は後付けの可能性も否定できない。つまりF曲輪が先に存在し、喰い違い虎口⑥を後に付け足した、というものである。若狭国衆の城郭には、賀羅ヶ岳城（小浜市）や新保山城（小浜市）・白石山城（高浜町）のように喰い違い虎口を持つ城郭が存在する。従って粟屋勝長が天正年間に設けたとしても不思議は無い。登城路が時代によって変化している可能性も考えなければならないであろう。

新保山城の喰い違い虎口は、国吉城と同じく土造りの虎口で、石垣は用いていない。新保山城主の武田信方は朝倉方だったので、朝倉氏が滅亡した天正元年(1573)には没落したと考えられる。従って新保山城の現存遺構は、それ以前と考えるのが素直な解釈と言える。勝長が朝倉氏の進攻に備えて、元亀年間に改修したという仮説も成立する。

山麓のG・M・Nの平坦面は、城主及び家臣団の屋敷地と伝わっている。Lは前述の通り青蓮寺跡と伝わる。仮に粟屋勝長が青蓮寺を招聘したのなら、勝長は武田氏の譜代重臣、あるいは譜代重臣を強く意識した武将といえる。

居館の石垣は最も新しく、矢穴石が多く残る。隅角は割石を用いた算木積みとなっており、裏込石の量も多いという。編年の進んでいる金沢城（石川県）の石垣では、矢穴石を多数用いた石垣は、慶長年間からとされており、居館の石垣も慶長期と推定される。とすれば、居館は勝長転封後に大改修されたと考えられる。現在居館主平坦面Gと青蓮寺平坦面Lを直接繋ぐ参道のような出入り口が存在しないのは、慶長期の改修にあたり、青蓮寺が既に廃絶していたか、あるいはその存在を否定したかったので、あえて出入り口を封鎖したのではなかろうか。

居館の虎口は、④と推定される。入る時、石垣折れから横矢が掛かり、計画的に設定された虎口と考えられる。ただし、現在も城山の登山道として使用されているため、撹乱が激しく、虎口の全体像はつかめていない。

なお、居館については、発掘調査の項で詳述する。

（2）考察
縄張りの年代観については次のとおりとする。
　I期：粟屋勝長織田政権入り以前（元亀元年(1570)以前）
　II期：粟屋勝長織田政権入り～賤ヶ嶽合戦（元亀元年(1570)～天正１１年(1583)）
　III期：賤ヶ嶽合戦～京極氏若狭入国（天正１１年(1583)～慶長５年(1600)）
　IV期：京極氏若狭入国以後（慶長５年(1600)～）
　国吉城の支城と考えられる土井山砦や山上田ノ上城に虎口は認められない。さらに永禄元年及び１１年(1558・1568)戦闘に巻き込まれたと考えられる三方郡の城郭（三方城・気山城・南前川城）にも、枡形虎口は見当たらない。ただし、三方城・南前川城は虎口を明確化させ、敵軍の直撃を防ぐ構造になっている。従って在地土豪の城郭と言えども、永禄年間には既に虎口を強化する縄張りへと進化し始めていたと考えられる。以上のようなことを考慮すれば、E曲輪の土塁通路と平虎口は、I期と推定することができる。

元亀年間〜天正年間になると、在地士豪の城郭でも虎口の著しい進化が認められ、前述の新保山城や賀羅ヶ岳城・白石山城に喰い違い虎口が残る。喰い違い虎口構築の技術があれば、枡形虎口の構築も可能である。従ってC・D曲輪の内枡形虎口、F曲輪の喰い違い虎口⑥はⅡ期の可能性が高い。勿論、枡形虎口は織豊系大名も多く用いたため、Ⅲ期に該当する木村定光等の可能性も捨てきれない。残念ながら縄張り研究では、どちらかに絞り込みは不可能なので、両方の可能性を提示しておきたい。ただし石垣で固めた主郭周辺の石垣を木村期とすれば、石垣を用いていないことから、Ⅱ期の可能性が高いように思われる。

　この仮説が正しければ、主郭Aの櫓台③もⅡ期となる。ただし、現在櫓台③の周辺には、石材が散乱している。この石材が櫓台③を固めていた石垣だったとすれば、Ⅲ期に下る可能性がある。ぜひ発掘調査で確認してほしい。

　問題は石垣である。若狭は早くから石垣が導入されたと考えられ、前述の賀羅ヶ岳城・白石山城や能登野城（若狭町）・後瀬山城（小浜市）・小村城（小浜市）・聖ヶ嶽城（小浜市）・石山城（おおい町）に多く用いられている。部分的な用法になれば、高浜城（高浜町）・堂谷山城（若狭町）・堤城（若狭町）・膳部城（若狭町）・登嶽城（若狭町）・大塩城（小浜市）・谷小屋城（小浜市）・湯谷山城（小浜市）・青ノ郷城（高浜町）・坂本城（おおい町）で確認できる。在地の小土豪の城郭でも用いられているため、一般的に用いられていたと考えられる。

　これらの城郭は天正12年以前に廃城になっており、従って在地土豪が構築した石垣の可能性は高い。矢穴石が残る山麓居館の石垣、そして櫓台も石垣で固めた虎口①以外の石垣は、Ⅱ・Ⅲ期両方の可能性を指摘できる。使用している石材に、大小の使い分けが見られるが、それは表方向（人々が多く見る場所）と裏方向（人々があまり目にしない場所）といった場所毎の使い分けというふうにも考えられる。時代による使い分けと断定するには時期尚早と思われ、遺物といった考古学的手法による裏付けが必要である。そして、上記城郭に残存する石垣との比較検討を行い、在地土豪の石垣、そして粟屋期の石垣の再検討を行う必要があろう。

　虎口①には鏡石を用い、さらに櫓台まで石垣で固める。明らかに視覚効果を狙った演出であり、これは天正11年国吉城主となった木村定光が、新領主としての威厳を示したものと推定できることから、Ⅲ期と推定できる。また山麓居館の石垣は矢穴石を使用しており、金沢城石垣編年からⅣ期、すなわち京極期と推定されよう。

　登城路については虎口①・②の存在から、椿坂峠・腰越坂からの登城路があったと推定できる。しかも虎口の形態から、Ⅲ期まで存在した可能性を指摘できる。椿坂峠・腰越坂はいずれも丹後街道が通っており、国吉城は丹後街道と強く繋がっていたことを物語っている。

　山麓居館からの登城路は、現在⑧を通っている。しかし当時の登城路は⑦の存在から、一旦尾根に取りつき、F曲輪（喰い違い虎口⑥）を通って山上曲輪群へ登っていた可能性が高い。

（3）小結
縄張りの年代観については次のとおりとする。
　Ⅰ期：粟屋勝長織田政権入り以前（元亀元年(1570)以前）
　Ⅱ期：粟屋勝長織田政権入り〜賤ヶ嶽合戦（元亀元年(1570)〜天正11年(1583)）
　Ⅲ期：賤ヶ嶽合戦〜京極氏若狭入国（天正11年(1583)〜慶長5年(1600)）
　Ⅳ期：京極氏若狭入国以後（慶長5年(1600)〜）
①E曲輪の土塁通路と平虎口は、Ⅰ期と推定することができる。
②C・D曲輪の内枡形虎口、F曲輪の喰い違い虎口⑥はⅡ・Ⅲ期の両方の可能性が指摘できる。ただし、石垣で固めていないことから、Ⅱ期の可能性が高いように思われる。この仮説が正しければ、主郭Aの櫓台③はⅡ期とる。
③若狭は早くから石垣が導入されたと考えられ、在地土豪が構築した石垣の可能性は高い。従って矢穴石が残る山麓居館の石垣、そして櫓台も石垣で固めた虎口①以外の石垣は、Ⅱ・Ⅲ期両方の可能性を指摘できる。
④　虎口①は天正11年国吉城主となった木村定光が、新領主としての威厳を示した虎口と推定できることから、Ⅲ期と推定できる。また山麓居館の石垣は矢穴石を使用しており、金沢城石垣編年からⅣ期、京極期と推定される。

⑤登城路については虎口①・②の存在から、椿坂峠・腰越坂からの登城路があったと推定でき、虎口の形態から、Ⅲ期まで存在した可能性を指摘できる。椿坂峠・腰越坂はいずれも丹後街道が通っており、国吉城は丹後街道と強く繋がっていたことを物語っている。山麓居館からの登城路は、現在⑧を通っている。しかし当時の登城路は⑦の存在から、一旦尾根に取りつき、F曲輪（喰い違い虎口⑥）を通って山上曲輪群へ登っていた可能性が高い。

３．発掘調査による成果

　美浜町教育委員会は、平成１５～１８年度にかけて山麓居館の発掘調査を実施し、数多くの貴重な成果を上げておられる。その成果は『国吉城址史跡調査報告書Ⅰ』（美浜町教育委員会 2011、以下、報告書Ⅰと略す。）にまとめられている。美浜町教育委員会の国吉城調査に対する見識の高さ、発掘技術の高さに心から敬意を表する次第である。以下、報告書Ⅰの内容を紹介したい。

　まず平坦面Gは、居館平坦面群最大の広さを持ち、城主居住施設が最も想定された場所だった。しかし、近現代以降の耕作による削平を受けており、めぼしい遺構は検出されなかった。④地点では近代以降の改変を受けながらも、虎口遺構としての石段・礎石・石垣基壇が検出され、④地点が居館の出入り口であることが判明した。なお、礎石は門の礎石と推定されたが、対となる礎石が検出されなかったため、門の規模は判明しなかった。

　平坦面Mでは、建替え痕も含めて計４棟分の礎石が確認された。いずれも立木や倒木により、礎石にズレやヌケが生じており、完成した建物プランにはならなかった。また、別プランとみられる礎石も存在していることから、平坦面全域に建物群が展開していたとみられる。

　国吉城関係の主な遺物として、平坦面G付近から土師質土器・瀬戸・美濃焼・越前焼・唐津焼・志野焼・丸瓦・平瓦、平坦面M付近から土師質土器・瀬戸・美濃焼・越前焼・染付・白磁・青磁・硯・宋銭・鉄釘・刀子が出土した。出土量は少なく、かつ破片が多いことから、廃城時に再利用を目的として持ち去られ、再利用不可のもののみ廃棄されたと考えられた。

　注目したいのは瓦の存在である。平坦面Mの石垣崩落土中のみから出土しているが、出土量が少ないことから、石垣上の建物のみに葺かれたと考えられる。瓦は小浜城軒丸瓦Ⅱ類及び丸瓦Ⅰ・Ⅱ類と同汎だったことから、１７世紀前半の京極氏時代のものと考えられる。従って石垣も慶長期の拡張に伴い構築され、瓦葺き建物が構築されたと考えられよう。

　遺物の年代として、１６世紀中頃～末期に比定され、一部１７世紀初頭～前半期に下るものも見られる。これは粟屋期～京極期に該当し、先に述べた歴史観とも矛盾しない。平坦面Mは終始一貫として生活空間として使用されたのである。最後の城主である多賀越中守も元和元年（1615）以降も居館に留まり、居住していたと推定されよう。

　以上が報告書Ⅰの概要である。ただし、報告書Ⅰでは、青連寺跡とされる平坦面Lや山上曲輪群の調査結果は記載されていない。令和４年度に発行される報告書に記載される予定と聞いている。従ってその報告書の中身次第では、大幅に拙論を変更しなければならない可能性があることを、あらかじめお断りしておく。

４．まとめ

　以上、長々と述べてきた。歴史的に見ても国吉城は、粟屋氏～京極氏までの約７０年間に亘って使用された若狭屈指の名城であり、それは縄張り調査・発掘調査とも一致していることが判明した。

　しかし、個々の遺構になると、山麓居館の石垣（京極氏）及び主郭虎口①（木村氏）の年代観が一致しているのみで、あとは必ずしも一致しているとはいえないのが実情である。特に石垣については、先に示した若狭中世城郭全体での比較検討が望まれる。

　令和４年度には山上曲輪群の報告書、そして令和６年度には石山城（おおい町）の報告書が刊行予定と聞く。これらも含めて総合調査を行い、さらなる成果を期待したい。

7. 土井山砦 （どいやまとりで）

①美浜町金山　②－　③１６世紀　④１６世紀　⑤１６世紀　⑥粟屋氏　⑦山城
⑧削平地・切岸・堀切・竪堀　⑨130m×70m　⑩標高69.4m　比高60m　⑪2

　近世・近代の地誌類に一切記録されていない。『みはまの城　〜あなたの近くに城はある〜』
（若狭国吉城歴史資料館2014）によれば、国吉城の出城と伝承されている。
　北麓に丹後街道が通る交通の要衝である。国吉城の西方を守る場所として最適の場所といえる。
現状は、水道タンク建設により南半分は破壊されてしまったが、北半分は残っている。その縄張
りは、尾根上を削平して曲輪を構築し、堀切で遮断する単純な縄張りとなっている。
　南端付近に竪堀が二本確認でき、恐らくそこに存在していた主郭を防御する竪堀だったと考え
られる。主郭付近の構造は、『戦国の若狭』所収大森宏氏作成図でも既に水道タンクによって破
壊されているため、残念ながら不明である。築城期は詳らかにできないが、竪堀を用いているこ
とから、戦国期、恐らく１６世紀頃と推定される。
　肝心の主郭が破壊されているので断定はできないが、曲輪の周囲に土塁を巡らしたり、虎口を
明確化した痕跡は見当たらない。これは前述の狩倉山城や岩出山砦とは大きく異なっており、違
った築城主体が想定される。土井山砦の単純な縄張りは、広く在地土豪に見られるもので、これ
を粟屋氏の縄張りと推定することはできないだろうか。
　なお、前述の大森宏氏作成図によれば、水道タンクよりさらに南側に堀切と曲輪を描いている。
踏査の結果、筆者は全て自然地形と判断したので、縄張図には記載しないこととした。

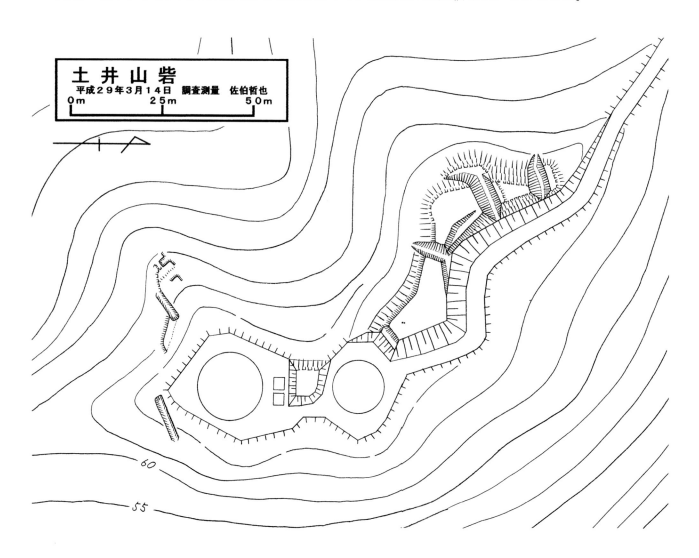

土井山砦
平成２９年３月１４日　調査測量　佐伯哲也
0m　　　　25m　　　　50m

8. 気山城 （きやまじょう）

①若狭町気山　②一宮城？　③１６世紀　④１６世紀後半　⑤１６世紀後半　⑥一宮氏・熊谷氏
⑦山城　⑧削平地・切岸・竪堀・堀切　⑨ 90m × 120m　⑩標高 90m　比高 80m　⑪3

『三方郡誌』によれば、天文年間に一宮壱岐守賢成が居城したとしているが、詳細は不明。弘治２年(1556)以降若狭守護武田信豊・義統父子の対立が表面化し、永禄元年(1558)１０〜１２月に、前川・気山・前川口で両者の戦闘があり、義統方が勝利している（『若狭武田氏』）。あるいはこのとき気山城も戦闘に巻き込まれ、落城したのかもしれない。

『国吉籠城記』あるいは『三方郡誌』によれば、永禄１１年(1568)朝倉氏若狭時、気山城には熊谷一族が籠城していたが、朝倉軍の攻撃により落城したとしている。

通称国広山山頂に位置する。山頂からは南北に通る丹後街道を広く眺望することができる。気山城の役割が、丹後街道の監視・掌握にあったことを物語っている。

山頂が主郭A。現在愛宕神社が鎮座する。主郭に残る多数の円形窪地は、簡易炭焼き窯と推定される。現在の登城路は神社の登拝道であり、当時のものではない。土塁状の突起①・②が当時の虎口と推定され、ここに至るルートが当時の城道と推定される。従って竪堀③を越えて腰曲輪Bを通る。このとき長時間C曲輪からの横矢が効く。そして竪堀④を越えて、②・①と入って主郭Aに到達したと考えられる。初原的ながらも計画的な城道設定を読み取ることができる。

一番の見どころは、背後の尾根を断ち切る三重の堀切⑤であろう。堀切に掛かった土橋は一直線ではなく、ずれているこのことから当時の土橋と推定したい。

城道設定及び三重堀切は、いずれも１６世紀後半の所産である。『国吉籠城記』にあるように、熊谷一族が在城し、大倉見城の出城として機能していたのであろう。

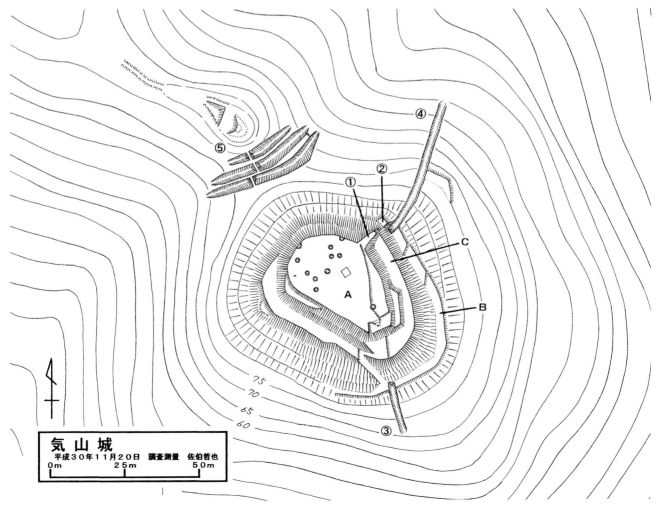

気山城
平成３０年１１月２０日　調査測量　佐伯哲也
0m　　25m　　50m

9. 堂谷山城 (どうたにやまじょう)

①若狭町気山 　②－ 　③１６世紀後半 　④１６世紀後半 　⑤１６世紀後半 　⑥朝倉氏？ 　⑦山城
⑧削平地・切岸・堀切・土塁・石垣 　⑨410m×140m 　⑩標高134.6m 　比高120m 　⑪4

　これほど見事な縄張りと遺構を残しているにもかかわらず、城主歴を全く残していない。『三方郡誌』にも「何人の拠りし所か詳ならす」とあり、既に明治期に伝承は失われていたらしい。大森宏氏は『戦国の若狭』で「これほどの城は小土豪では無理で、やはり熊谷氏の城とみるべきであろう」と述べておられる。

　築城主体の候補から、小土豪を排除したのは筆者も同感である。しかし、熊谷氏の居城とされる大倉見城とは全く違った縄張りを示していることから、熊谷氏の可能性も排除したい。

　山麓に丹後街道が通る交通の要衝である。城跡からの眺望は、特に南側が素晴らしく、街道沿いの集落を遠望することができる。これに対し西側は尾根続きのため、眺望は悪い。丹後街道を意識した選地といえよう。

　縄張りの全体像（図１）として、山頂に主要曲輪群、そして南西側に伸びる尾根に長大な土塁と小曲輪群を設けている。

　主郭はA曲輪（図２）で、ほぼ長方形の土塁が取り巻いている。土塁の上幅は約３mもあり、通路として使用するに十分な広さである。注目したいのは、土塁法面の内外に設置されている石垣である。転用石として、石仏１体が認められる。坐像如来形石仏で１４～１５世紀の製作と考えられる。石垣は人頭大の自然石を積んでおり、裏込石は使用していないようである。従って重量構造物を支えるような石垣ではなく、土塁法面急角度維持か法肩崩落防止、あるいは美観のためと考えたい。勿論土塁が先行し、石垣は後付けということも考えられる。現在も土塁上には山の神が祭られていて、信仰の場となっている。ということは、廃城後、宗教施設として石垣が構築された可能性も指摘できよう。

　石仏は石垣の石材として、山麓から持ち込まれたと考えられる。ただし、製作年代が１４～１５世紀と考えられることから、先に山頂に宗教施設が存在し、その宗教施設の関連石造物として石仏が存在していた可能性も捨てきれない。

　主郭Aの虎口は、単純な平虎口である。ただし、その前面には不明瞭ながらも小曲輪が存在していたと考えられるため、馬出曲輪的な小曲輪を付属させた虎口だった可能性がある。

　主郭Aの周囲を取り巻いているのがB曲輪である。ほぼ全周に塁線土塁を巡らす。所々に折れを設けているが、肝心の虎口に対して横矢が効いていない。恐らく計画的な横矢折れではなく、地形に沿って設けた結果、折れが生じたのであろう。

　主郭Aは、B曲輪の中央に設けるのではなく、最も敵軍の進攻の可能性が低い北側に寄せて設けられている。さらに尾根続きに堀切③を設けて完全に遮断し、主郭を防御している。主郭を北側に寄せた結果、南側には広々とした自由空間を確保することができ、東西の尾根に開口した虎口からの城兵の移動をスムーズに行えるようになった。しかも開口する虎口はいずれも外枡形虎口である。このように極めて計画性に富んだ縄張りとなっており、同時代における同一人物による縄張りと考えられよう。

　虎口①は、土塁で構築された明確な外枡形虎口である。しかもその前面は、横堀とも言える堀切④で防御され、大軍での直撃を防いでいる。当然城道の存在が予想されるが、どこへ繋がっていたのか判然としない。三方五湖（恐らく菅湖）に良港があり、そこに繋がっていたのであろうか。

　虎口②は土塁の先端に小平坦面があるため、小櫓台を備えた外枡形虎口と理解できる。こちらの虎口は、丹後街道に開いているため、城道は丹後街道へと繋がっていたのであろう。先端の尾根続きは、片方を竪土塁状に加工しており、二ヶ所土塁が途切れて虎口状になっている。身を隠すものとも考えられず、何かを囲い込むような長城のような土塁でもない。果たして城郭遺構なのか判然としないが、城郭遺構ならば、幅広の尾根なので、大軍での進攻を阻止するために、片

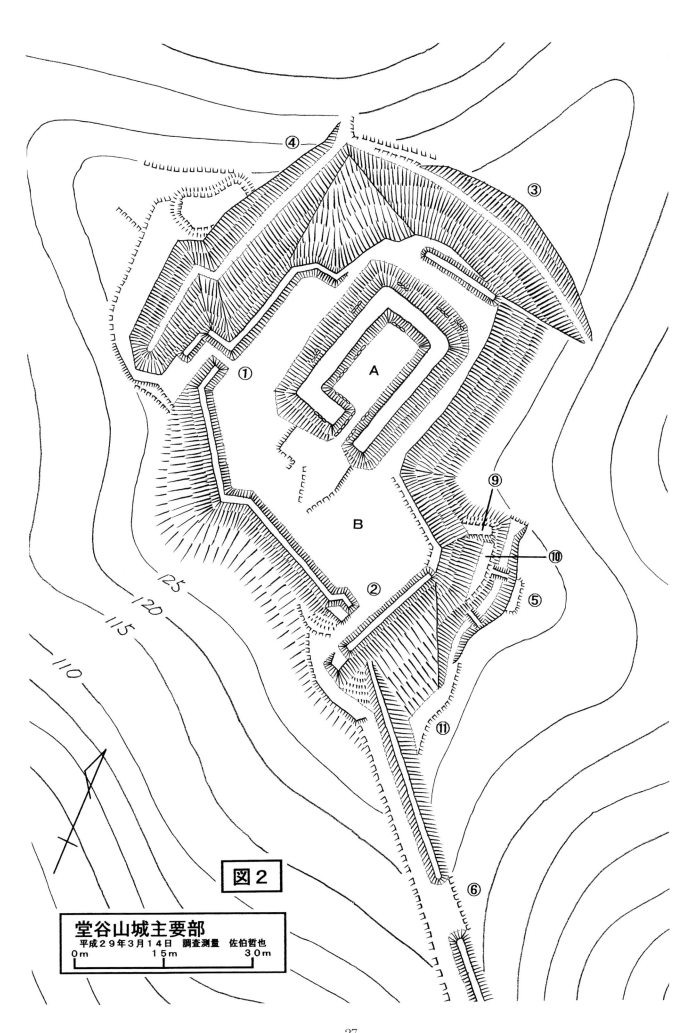

図2

堂谷山城主要部
平成29年3月14日　調査測量　佐伯哲也
0m　　　15m　　　30m

方を竪土塁、片方を通路に加工したのであろう。

外枡形虎口②から北側に伸びる塁線土塁は、堀切⑤の直前で著しく低くなっている。本来であれば、堀切⑤から進攻してくる敵軍に備えて土塁を高くしなければならないのに、現実はその逆となっている。切岸面に注目すると、小規模な平坦面⑨・⑩があり、この小平坦面を使用すれば、堀底に降りれそうである。降りると、さらに平坦面⑪から開口部⑥へと移動できそうである。つまり、外枡形虎口②が敵軍に攻められ、破られそうになった場合、城兵がB曲輪から⑨・⑩・⑪・⑥と移動し、虎口を攻める敵軍の背後に廻って逆襲する、逆襲通路・逆襲虎口と想定することはできないだろうか。そのために土塁を低くしたのではなかろうか。勿論敵軍の逆襲も想定される。このために堀底に土橋状の阻障を設け、堀切⑤の防御力を増強したのであろう。

竪土塁の先端（図1）は、不明瞭ながらも曲輪状に加工しており、一文字土塁⑦を設けている。現在確認できないが、土塁⑦の左右どちらかに通路が存在していたのであろう。さらにその先端に不明瞭ながら、内枡形虎口⑧を設けている。二股に分岐した尾根には、小規模なC・D曲輪を設けているが、実質的な城域は内枡形虎口⑧と考えられる。分岐したどちらかの尾根から登ってきたとしても、内枡形虎口⑧を通過しなければならない。このために内枡形虎口⑧・一文字土塁⑦を設けて丹後街道から進攻してくる敵軍に備えたのであろう。

それでは、現存遺構は、何時・誰が構築したのであろうか。前述の通り、長期間使用し、増改築を繰り返した縄張りではない。計画的に設定された縄張りなので、同時期・同一人物による縄張りで、改修痕は見当たらない。短期間の使用と推定される。A・B曲輪にも城兵駐屯用の平坦面は確保しているものの、居住スペースまでも確保しているとは言えない。従って純軍事的な施設、陣城等臨時城郭と考えられよう。これほど見事な遺構・縄張りを残しながらも城主歴を全く残さないのは、使用期間が短く、地元衆にとってなじみの薄い外部勢力だったことを暗示している。

まず注目したいのは、主郭Aの分厚い土塁である。このような使用例は、元亀3年（1572）朝倉義景が在城した大嶽城（滋賀県）や、同じく元亀年間朝倉軍が在城した中島砦（滋賀県）、そして同じく元亀年間朝倉軍の関与が考えられる田屋城（滋賀県）で認められる。内枡形虎口ではあるが、田屋城には見事な内枡形虎口が残る。このような使用例から推定すれば、やはり堂谷山城も元亀年間に朝倉軍によって構築された可能性は高いと考える。高田徹氏は「堂谷山城」（『名城を歩く　福井編』吉川弘文館 2022）で、中山の付城や駈倉山城との虎口からも共通性が見られると考え、朝倉氏の築城と考えておられる。筆者もこの考え方に賛同したい。

ただし、中山の付城や駈倉山城の虎口は、完全な枡形に進化していないのに対して、堂谷山城の虎口は完全な枡形へと進化している。中山の付城や駈倉山城を永禄年間の築城とするならば、堂谷山城はそれ以降、元亀年間とするのが妥当であろう。朝倉氏は永禄11年後瀬山城（小浜市）主武田元明越前連行後、小浜周辺を領有し、後瀬山城を管理下に置いたと考えられる。これは朝倉滅亡の天正元年(1573)まで続いたと考えられる。小浜領有・後瀬山城維持を持続するためにも堂谷山城を築城し、丹後街道を確保する必要があったのであろう。

今一つ問題なのは、石垣の存在である。朝倉氏の城郭で石垣は、越前・若狭・近江でほとんど見られない。僅かに大嶽城に残るのみである。大嶽城の石垣も浅井・朝倉のどちらが構築したのか意見の分かれるところである。つまり石垣に限って言えば、朝倉氏の可能性が低くなる。付近の城郭では、能登野城も主郭を石垣で固めていることから、天正元年朝倉氏滅亡後、在地国人が構築した可能性は残る。ただし、重要構造物を支えるための石垣ではないようなので、織豊系武将が構築した石垣に限定することはできない。さらに廃城後、宗教施設として設けられた可能性も残る。現段階での絞り込みは不可能である。今後の課題としたい。

大森宏氏は前述のように、熊谷氏の城としているが、熊谷氏の居城の大倉見城とは全く違った縄張りを示していることから、熊谷氏の可能性は低い。さらに大森氏は天正10年丹羽長秀の改修を示唆しておられる（『戦国の若狭』）。しかし、なぜ長秀が堂谷山城を改修しなければならないのか明確な理由は存在せず、さらに中央に分厚い土塁を持った曲輪を配置する縄張りは、天正11年の賤ヶ嶽合戦城塞群には存在しない。

以上の理由により長秀の改修の可能性も低い。朝倉氏を軸に城主歴を研究していくのが、今後の課題ではなかろうか。

10. 三 方 城 (みかたじょう)

①若狭町三方　②－　③１４世紀？　④１６世紀　⑤１６世紀　⑥三方氏・熊谷氏　⑦山城
⑧削平地・切岸・堀切・竪堀　⑨190m×110m　⑩標高110m　比高90m　⑪4

　　西麓に丹後街道が通る交通の要衝である。現在城跡に愛宕神社・秋葉神社が鎮座する。大森宏氏は『戦国の若狭』の中で、三方氏が南北朝～室町初期に築城したと推定する。『郷土誌三方区』（三方区 1900）は、三方氏の後に三方郡を支配した熊谷氏が再築したと記載している。ちなみに熊谷氏の若狭入部は、永享１２年(1440)と考えられる（『若狭武田氏』）

　　前述の愛宕神社・秋葉神社の参道によって一部破壊されているが、概ね遺構の保存状態は良好である。主郭はA曲輪と推定される。中央部が大きく凹んでいるが、カット面が新しく、中世の遺構とは思えない。江戸期以降（恐らく近代以降）に建っていた神社建築の遺構なのであろう。

　　背後を土塁①と堀切②で完全に遮断している。土橋を渡った対岸に小曲輪Bを設けている。横堀等で独立させていないため、完全な馬出とは言えないが、馬出の性格を兼ね備えた小曲輪と言えよう。小曲輪Bの存在から、現在は確認できないが、土塁上の③付近に虎口が存在していたと推定できる。小曲輪Bを設けてまでも虎口を防御しなければならないのは、尾根道④の存在である。恐らく中世から重要な尾根道として存在し、尾根道④から出入りするとともに、敵軍の進攻も警戒したのであろう。従ってこの方面が大手と推定される。竪堀群⑦を設けて、敵軍がこの方面に廻り込むのを防止し、強制的に小曲輪Bの③から出入りするようにしている。傾斜のきつい尾根にもかかわらず、堀切⑤・竪堀⑥で遮断しており、見どころの一つである。

　　以上が縄張りの概要である。馬出を兼ねた小曲輪B、そして堀切・竪堀をミックスした防御線の存在から、現存遺構は１６世紀に構築したと考えて問題無かろう。

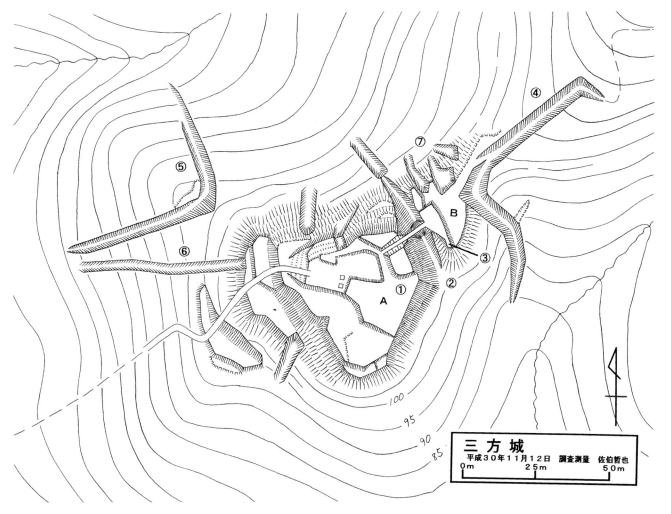

三 方 城
平成３０年１１月１２日　調査測量　佐伯哲也
0m　　　　　25m　　　　　50m

11. 鳥 浜 城 (とりはまじょう)

①若狭町鳥浜　②－　③戦国期　④戦国期　⑤戦国期　⑥－　⑦山城　⑧削平地・切岸・堀切
⑨130m × 30m　⑩標高 50m　比高 40m　⑪4

　鰣川が三方湖に合流する尾根上に築かれている。恐らく合流点に天然の良港があったと推定され、港を監視するのが鳥浜城の役割だったと推定される。残念ながら近世の地誌類等に記載されておらず、城主等は不明である。

　城跡は神社施設により半壊状態にある。しかし堀切等はよく残っている。主郭はA曲輪であろう。神社の背後には溝のような堀切①があり、麓の方に堀切②を設けて防御している。神社背後の高まりは、社殿建築によって半壊状態となっているが、現存の形よりかつては円形の高まりだったと考えられる。古墳の名残りであろうか。

　堀切②の対岸にB曲輪、そしてC曲輪と続く。堀切③は、左右が一致せず、喰い違いの両竪堀だった可能性が高い。

　以上が鳥浜城の縄張りである。基本的には尾根上を削平して曲輪を構築し堀切で遮断する、という最も一般的な構造となっているため、時代を決定できる遺構は残っていない。従って遺構の年代も確定できない。現段階において、戦国期とするのが最も無難であろう。なお、尾根続きの頂上部に、天原日城がある。あるいは鳥浜城は天原日城の出城だったのかもしれない。

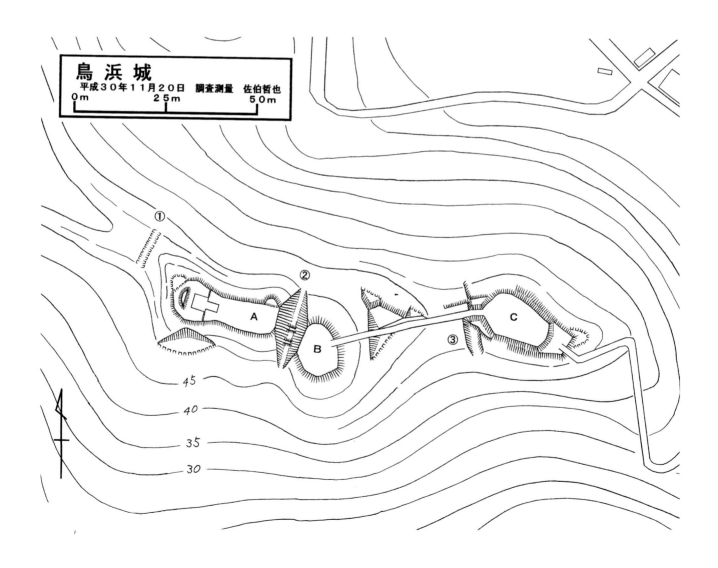

鳥浜城

平成30年11月20日　調査測量　佐伯哲也

0m　　25m　　50m

12. 天原日（比）城 （あまらびじょう）

①若狭町向笠 　②入江城・赤尾城 　③戦国期 　④戦国期 　⑤戦国期 　⑥赤尾氏・入江左京亮
⑦山城 　⑧削平地・切岸・土塁 　⑨ 170m × 60m 　⑩標高 300m 　比高 280m － 　⑪5

　『三方郡誌』によれば、城跡を天原比山と呼び、入江城と称していた。また、『戦国の若狭』
によれば、赤尾城とも称していた。城主は向笠集落では赤尾某、田井集落では入江左京亮がいた
と伝わる。入江氏の館が田井別所にあったとされているが、遺構は残っておらず、位置等の詳細
については不明。『福井県三方郡西田村誌』（西田村誌編纂会 1955）も城主を入江氏とする。
　天原日城は、田井及び向笠のほぼ中央を通る尾根上に位置し、城跡からは田井・向笠の両集落
を見下ろすことができる。田井・向笠両集落に城主名が伝承されているのもこのためであろう。
あるいは本当に両集落を支配する土豪が、違う時代に在城していたのかもしれない。
　主郭は最高所のA曲輪。ほぼ長方形で、全周に切岸を巡らし、防御線を構築する。切岸を全周
に巡らしていることから、本遺構が城郭であることが判明する。切岸だけでは不安だったのであ
ろうか、部分的に塁線土塁を巡らす。しかし、山頂は広く、敵軍は簡単に南北に廻り込むことが
できたのに、な全周に土塁を巡らさなかったのか、疑問は残る。また切岸を全周に巡らすが、虎
口は明確ではなく、どのように出入りしたのかも不明。主郭内は性格不明の小段が多数残ってお
り、きれいに削平されていない。これでは大規模かつ恒久的な建物は建たない。小規模かつ臨時
的な建物で、短期間使用するだけの臨時城郭ということを推定できる。
　南側の尾根続きのB地点にも切岸が残る。関連遺構と思われるが詳細は不明。
　以上が天原日城の縄張りの概要である。特徴ある遺構が残されていないので、戦国期の城郭と
しか推定できない、尾根突端の鳥浜城とセットで考えていくべきであろう。

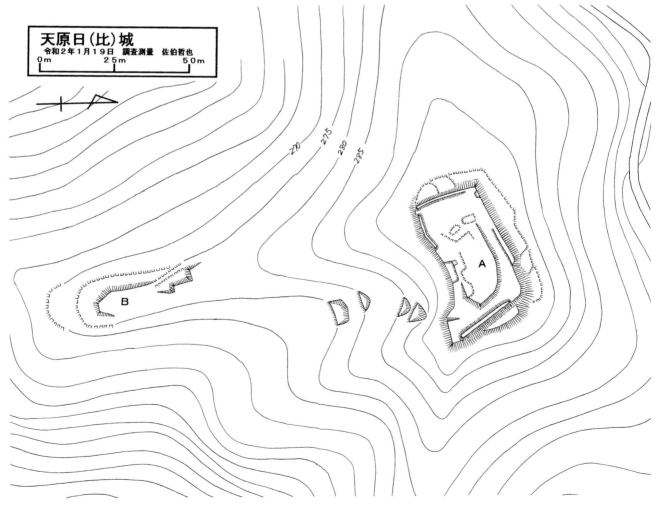

天原日（比）城
令和2年1月19日　調査測量　佐伯哲也
0m　　　25m　　　50m

13. 田名城 (たなじょう)

①若狭町田名　②－　③戦国期　④戦国期　⑤戦国期　⑥－　⑦山城　⑧削平地・切岸・竪堀・堀切　⑨190m×120m　⑩標高65m　比高50m　⑪5'

　近世・近代の地誌類に記載されていない。城跡は田名集落の裏山に位置する。城跡は神社の境内となり、遺構の残存状態は悪い。Aが神社本殿及び境内である。従って周辺に残る石垣や土塁は神社に関するものと推定できる。櫓台状の高まりは、古墳かもしれない。

　堀切①及び両竪堀②で尾根の前後を遮断しているため、この内側が城域とすることができる。このような考え方に立てば、Bが主郭であろう。前方に土橋状の遺構が認められ、曲輪状の膨らみに繋がる。曲輪を構築する予定だったのであろうか。前後のC・Dも古墳と推定される。

　以上が田名城の縄張りの概要である。城郭遺構と確認できるのは、主郭Aと堀切①・両竪堀②のみであり、小規模かつ臨時的な城郭が想定できる。伝承等が残らなかったのは、短期間の使用で廃城になったからであろうか。ちなみに城跡からは、この地方を治めた熊谷氏の居城大倉見城が見える。このため、臨時的に築かれた大倉見城の出城という見方も可能であろう。

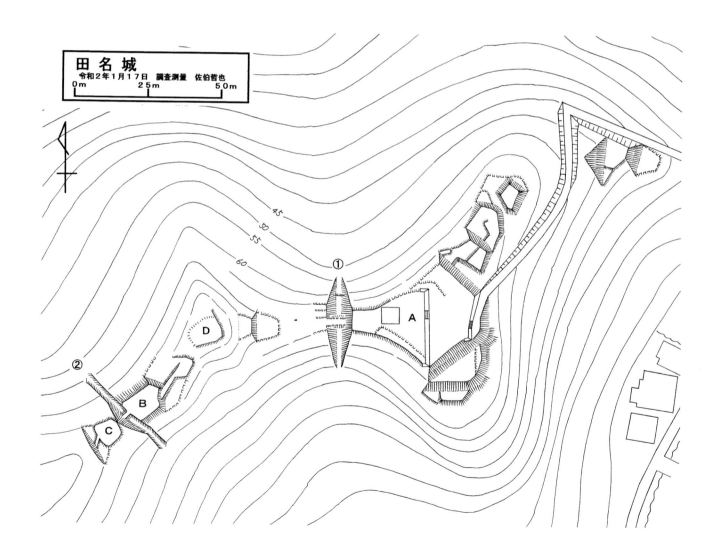

田名城　令和2年1月17日　調査測量　佐伯哲也
0m　25m　50m

14. 南 前 川 城 （みなみまえかわじょう）

①若狭町南前川　②－　③１６世紀後半　④１６世紀後半　⑤１６世紀後半　⑥山県氏　⑦山城
⑧削平地・切岸・土塁・横堀　⑨100m×60m　⑩標高212.1m　比高190m　⑪4

『若狭郡県志』によれば、山県式部丞がいたと伝える。さらに南前川集落に隣接する藤井集落には、山県政冬の城があった（『三方郡誌』位置不明）とされている。若狭守護武田氏奉行人山県氏の本貫地は小浜市太良荘だが、弘治２年(1556)この地が山県氏の所領であったことが確認されている（『若狭武田氏』）。従って山県氏の出城として、南前川城が存在していた可能性はある。弘治２年(1556)以降若狭守護武田信豊・義統父子の対立が表面化し、永禄元年(1558)１０～１２月に、前川・気山・前川口で両者の戦闘があり、義統方が勝利している（『若狭武田氏』）。あるいはこのとき南前川城も戦闘に巻き込まれ、落城したのかもしれない。

　城跡は南前川集落を見下ろす山上にあり、山麓に丹後街道が通る交通の要衝である。基本的には単郭の城郭で、A曲輪が主郭。東の尾根続きを半分埋まった堀切①と土塁②で遮断する。堀切と土塁がセットになった防御ラインである。土塁②は上幅が４mもあり、櫓台と呼べるものである。北側は急峻な地形となっているため無防備だが、南側は塁線土塁を巡らす。

　注目すべきは虎口③である。土塁で構築した明確な虎口で、土塁を若干ずらして喰い違い状にしている。しかも前面に横堀を設け、屈曲しなければ入れない構造になっている。積極的な横矢は掛からないが、初原的な枡形虎口という見方も可能である。

　土塁で虎口を明確化し、横堀を設けてストレートに入らさせない点は大いに評価でき、構築時期は１６世紀後半としてよいであろう。山県氏の本拠・賀羅ヶ嶽城にも見事な枡形虎口が残る。山県氏が南前川城虎口をさらに発展させた虎口と推定することができよう。

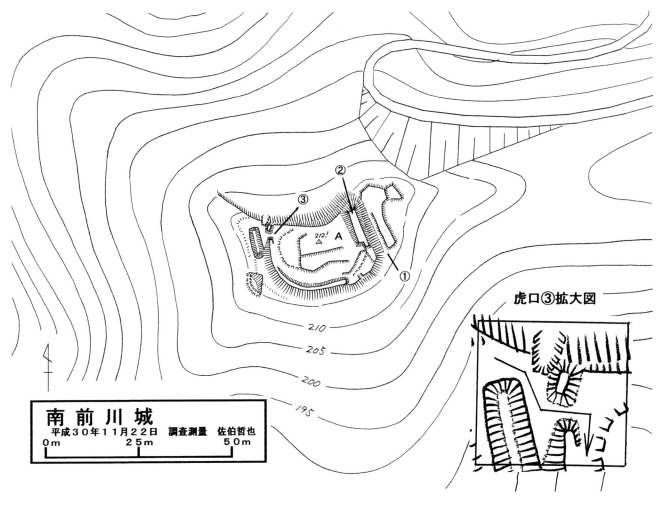

虎口③拡大図

南 前 川 城
平成30年11月22日　調査測量　佐伯哲也
0m　　　　　25m　　　　　50m

15. 相 田 城 （あいだじょう）

①若狭町相田　②－　③１６世紀　④１６世紀　⑤１６世紀　⑥山中武辺　⑦山城
⑧削平地・切岸・土塁・竪堀　⑨60m×40m　⑩標高155m　比高120m　⑪4

　　『三方郡誌』（福井県三方郡教育会 1911）によれば、永禄年間に山中武辺が拠った城としてい
る。山中武辺の詳細は不明。
　　城跡は相田集落を見下ろす尾根の突端に選地し、山麓に丹後街道が通る交通の要衝。さらに相
田集落から城跡を経由して尾根に取付く道が通っており、かなり掘り込まれていることから重要
な尾根道だったと考えられる。背後には近江に至る耳川谷があり、尾根道は耳川谷に到達してい
たと考えられる。このような交通条件から相田城が築かれたのであろう。
　　主郭はA曲輪。背後に土塁②を設けて尾根続きを警戒する。さらに尾根続き方向にB曲輪・土
塁④・両竪堀⑤を設けて警戒する。尾根道を強く意識した縄張りとなる。しかし警戒はするもの
の、完全には遮断しておらず、城主にとって重要な尾根道であったことも物語っている。
　　尾根道から主郭Aに入る虎口として、①がある。土塁で武装した明確な虎口だが、単純な平虎
口となっている。時代の絞り込みは難しいが、１６世紀ということは言えそうである。虎口③も
土塁②から横矢が効くが、単純な平虎口でしかない。西側は自然地形が続くのみで、人工的な処
理は施されていない。急峻な地形が続くため、あえて防御施設を設ける必要性が無かったからと
思われる。
　　以上、相田城の概要を説明した。未調査ではあるが、北前川城もあるという。これが事実とす
れば、三方城・北前川城・南前川城・相田城とほぼ等間隔に一直線に並ぶことになる。これは永
禄元年(1558)１０～１２月の戦闘が、激戦だったことを物語っているのかもしれない。

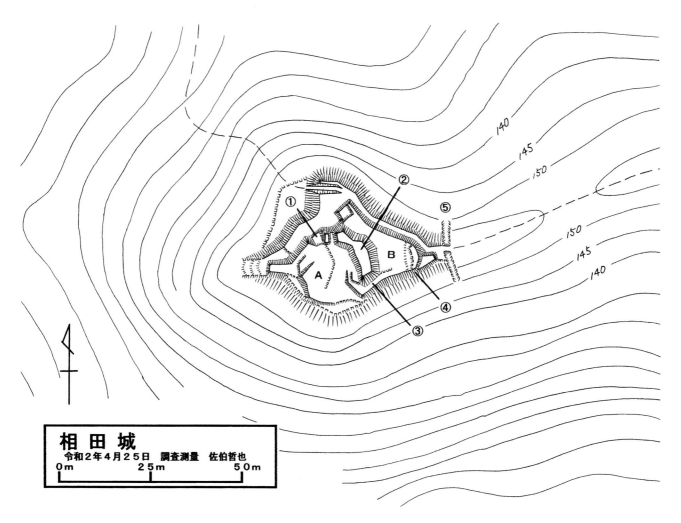

相 田 城
令和2年4月25日　調査測量　佐伯哲也
0m　　　　25m　　　　50m

16. 田上城 (たがみじょう)

①若狭町田上　②一　③16世紀後半　④16世紀後半　⑤16世紀後半　⑥飯郷氏　⑦山城
⑧削平地・切岸・堀切・土塁　⑨140m×70m　⑩標高180m　比高140m　⑪5

　『郷土誌田上区』（田上区 1972）は、飯郷山城守の居城としている。さらに同書によれば、越前朝倉氏が若狭に侵攻すると、これに敵せずと悟った山城守は、一門の江戸左馬助と共に自刃したと伝えている。
　城跡は田上集落を見下ろす山上に位置し、田上集落を支配するのに最適な選地である。しかし周囲にはさらに高地に選地する城（大倉見城・鈴ヶ嶽城）があり、それらの城から見下ろされている。特に大倉見城とは1.3kmの至近距離にあり、本支城関係を推定することができる。
　尾根続きを大堀切①で完全に遮断している。それでも不安だったのか、櫓台②との間に、さらに小規模な土塁と両竪堀を設けている。つまり二重の遮断線と櫓台がセットになった防御線と評価することができる。高い技術力で、構築年代を16世紀後半と推定することができる。
　ハイレベルの遮断線とは裏腹に、城内に顕著な遺構は確認できず、曲輪の削平も甘い。居城というものの、居住施設は建ちそうにない。目立つのは、円形あるいは方形の窪地である。これは簡易式の炭窯と考えられ、城郭施設ではない。ただし、③だけは二槽式となっており、なぜこのような形なのか、理解できない。
　伝承では、越前朝倉氏若狭侵攻（永禄11年＝ 1568）時の飯郷山城守の居城となっており、遺構の年代も合致する。恐らくこのとき飯郷氏が籠城したのであろう。ただし居住施設を構える平坦面は全く完成していないので、臨時的に籠城する詰城とすべきである。今後は田上集落にあったと推定される飯郷氏の居館を調査するのが重要な課題と言えよう。

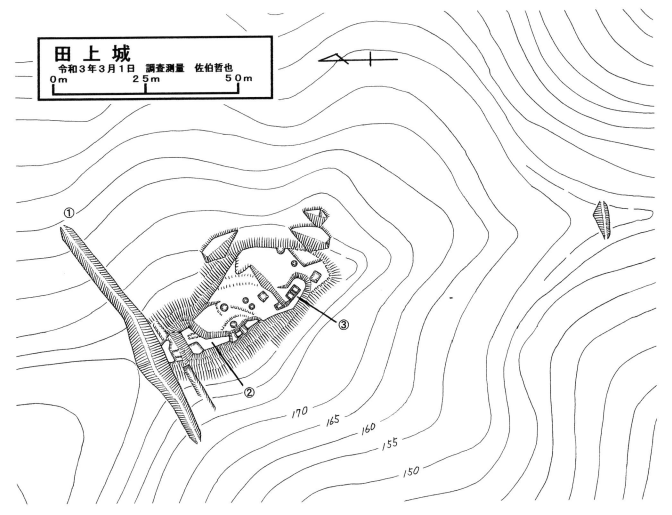

田上城
令和3年3月1日　調査測量　佐伯哲也
0m　　　25m　　　50m

17. 大倉見城 （おおくらみじょう）

①若狭町井崎　②－　③16世紀　④16世紀後半　⑤天正12年？　⑥熊谷氏　⑦山城
⑧削平地・切岸・土塁・堀切・竪堀　⑨550m×180m　⑩標高270.3m　比高240m　⑪5

1．歴史

　永享12年(1440)武田氏若狭拝領に従って、三方郡に入部した熊谷氏の居城と伝える。ただし、大森宏氏は、入部当時の居城を三方城としており、大倉見城に移るのは16世紀後半、熊谷氏最後の当主・直之の代と推定しておられる（『戦国の若狭』）。その理由は、三方城の縄張りは古く、大倉見城の縄張りは新しいからとしておられる。

　熊谷氏は三方郡の郡司として入部するが、国吉城に粟屋勝長が配されると、三方郡東部は勝長の支配下に入り、熊谷氏の支配地域は西部に限定されることになる（『若狭武田氏』）。『国吉城籠城記』によれば、永禄11年(1568)若狭に進攻したとき熊谷氏の城郭も攻めており、大倉見城の出城等は攻め落としているが、大倉見城については「越前勢（朝倉軍）山高キ故上ラズ」と記載している。

　熊谷氏最後の当主で最後の城主が直之である。直之は永禄末年頃からの当主で、他の若狭衆と同様に織田信長に属していた。永禄末年以降の熊谷氏には、治部丞・伝左衛門・大膳亮が存在し、通説では全て同一人物としている。河村昭一氏も通説を支持する（『若狭武田氏』）。

　直之は元亀元年(1570)織田信長が若狭に進攻すると、他の若狭衆と同様に信長に従属し、天正元年(1572)若狭一国が丹羽長秀に宛がわれると、長秀の与力となり、天正3年信長越前進攻に従っている。織田政権では居城在住・旧領支配を認められ、少なくとも天正10年10月まで大倉見城に居城していたと考えられる。天正10年丹羽長秀書状（山庄家文書）に長秀が「其地普請」を催促しているのは、大倉見城を含めた在地領主の居城のことなのかもしれない。

　直之は長秀の与力として賤ヶ嶽合戦の勝者側に付いたにもかかわらず、若狭から転封されたらしい。このことは同じく長秀の与力だった山県秀政や粟屋勝長も同様で、天正10年10月以後の消息は詳らかにできない。秀政の居城賀羅ヶ岳城は天正12年に長秀によって破却されたと伝えられている。長秀は賤ヶ嶽合戦後越前に転封されているので、豊臣政権によって破却されたのであろう。つまり豊臣政権は若狭国衆の在地を許さず、他国に転封させ、彼らの居城を破却してしまったのである。

　大膳亮を名乗り、豊臣秀次の家臣となった直之も例外ではなく、天正10年以降の若狭での消息は全く残っていない。三河国で少なくとも1519石余の給地を得ていた（『若狭武田氏』）ことから、若狭から移封され、分散された領地を宛がわれていたと考えるのが自然であろう。従って大倉見城も天正12年に廃城になった可能性は高い。ただし、直之は在京中も若狭旧土豪田辺氏との旧交も保っており、田辺氏から海産物の献納をうけている。

　次期天下人の家臣として大きく飛躍すると思われた直之だが、文禄4年(1595)秀次事件に連座して、嵯峨二尊院において自害する。これにより若狭熊谷氏の嫡流は途絶えてしまうのである。

2．縄張り

　坂越嶽山頂に大倉見城（I地区　図1）が位置する。坂越嶽山塊には現在この他に、井崎山城砦群（II地区　図1）、井崎砦（別項参照）、愛宕山砦候補遺構（別項参照）が確認されている。

　城跡へは散策道が整備されており、比較的簡単に登城できる。また休憩小屋やトイレも設置されているが、このため遺構が破壊されており残念である。

　山頂のA曲輪（図2）が主郭。眺望は素晴らしく、丹後街道や周辺の集落を遠望することができる。前述のように主郭には休憩小屋が建っており、その南側には凹形の地形が残る。一見内枡形虎口のように見えるが、休憩小屋を建てた時の改変地形かもしれないので、確定は難しい。なお、休憩小屋建設前の図（大森宏氏作図、『戦国の若狭』所収）では、凹形の地形は描かれてい

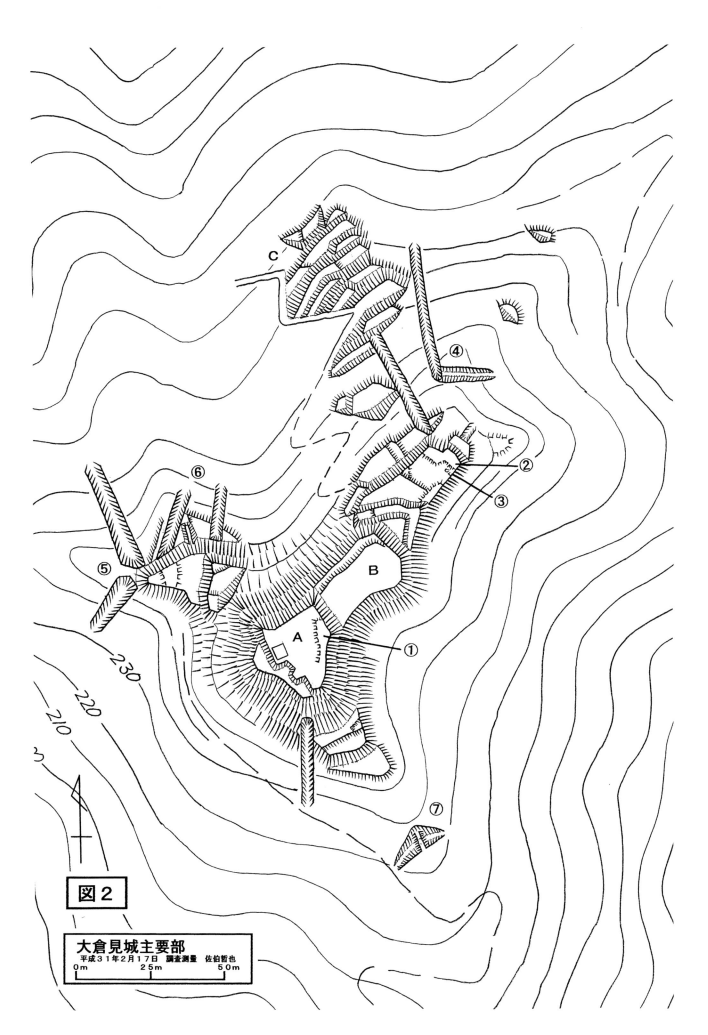

図2

大倉見城主要部
平成31年2月17日　調査測量　佐伯哲也
0m　　　　　25m　　　　　50m

ない。①の高まりは櫓台と想定される。位置的にB曲輪との出入り口を監視する櫓台だったのかもしれない。

　B曲輪は広々とした曲輪で削平もしっかりしており、居住施設を建てるに最適の曲輪である。『戦国の若狭』では「建物の礎石や溝状の配石遺構」も地表面観察で見られるとしているが、平成３１年筆者が調査したときは確認できなかった。B曲輪から階段状に曲輪が続き、先端は土塁②で固める。南側には窪地③が残っているため、城内外を繋ぐ内枡形虎口だったかもしれない。

　尾根続きを堀切と竪堀をミックスした④で遮断する。その西側には小平坦面群Cが存在する。幅４～５ｍ、高さ２ｍ前後の切岸で区画されている。虎口や土塁は併設されておらず、どのような性格の平坦面群なのか、地表面観察のみでは詳らかにできない。ただし、この一画にしか存在しないこと（山麓まで小平坦面群が続いていないこと）、④の竪堀の城内側にしか存在せず、竪堀に守られているように配置されていること、このような点から城郭施設と見なすことも可能である。『国吉籠城記』には永禄１１年熊谷氏が籠城していることが記されている。このとき立て籠もった城兵達の仮小屋が存在していたのかもしれない。

　このような小平坦面群は、城跡付近に存在していることから、安易に城郭施設にされる傾向にある。小平坦面群の多くは標高３００ｍ以下の里山に位置する。これは昭和５０年代まで盛んに耕作・植林が行われていた場所であり、その可能性も否めない。平坦面の大きさ・数等で判断するのではなく、今後は考古学的な成果（遺物の有無）で決めるべきではなかろうか。

　西側の尾根続きを最も警戒していたらしく、両竪堀⑤を配置する。もっともこれはトイレ等を設置したときに改変されたと考えられ、かつては両端を竪堀状に落とした堀切だったと考えられる。『戦国の若狭』所収の図面でも堀切として描いている。北斜面には２本の竪堀と土塁を設けている。敵軍が小平坦面群C方向に廻り込まないようにするための防御施設と理解できる。

　南側の尾根続きは、主郭Aが敵軍に直撃されてしまうのに、顕著な防御施設は堀切⑦しかない。これは、この尾根の先端に井崎砦が存在していることに起因しているかもしれない。

　Ⅱ地区は、『戦国の若狭』に井崎山城砦群と記載されているため、それに従う。なお『戦国の若狭』所収図には、北側の斜面にも城郭遺構を描いているが、踏査の結果、自然地形と判断したため、本稿では記載しないこととした。

　前後に堀切を設けて尾根続きを遮断し、防御施設は完成している。一方、山頂には不明瞭な平坦面しか存在せず、居住施設は未完成のままである。このことから臨時城郭と判断され、大倉見城と対照的である。大倉見城と尾根続きにあり、大倉見城から見下ろされるため、大倉見城と同一の勢力が築城したと考えられる。永禄１１年熊谷氏が急遽築城した陣城なのかもしれない。

　さて、大倉見城と井崎山城砦群を紹介した。一部櫓台状の高まりや、虎口状の窪地は見られるものの、明確な枡形虎口・塁線土塁・櫓台は存在しない。堀切と竪堀をセットで設けている点から、現存遺構は１６世紀後半と考えられるものの、旧態依然とした縄張りである。公園化による改変で失われた可能性も残るが、当初から存在していなかったと見るべきであろう。大森氏は１６世紀後半に熊谷氏最後の当主・直之が築城し、三方城から移ったと述べておられる（『戦国の若狭』）。確かに熊谷氏の最終的な居城は大倉見城と思われるが、古いとされている三方城の縄張りと大倉見城の縄張りは、あまり時代差が感じられない。少なくとも永禄１１年朝倉氏進攻時に両城は同時に存在していたのではなかろうか。仮に井崎山城砦群が永禄１１年朝倉氏進攻時急遽築城されたのなら、大倉見城の築城はそれ以前となってしまう。縄張り的にも違和感は無く、築城は天文～永禄年間にまで遡る可能性も出てくる。平坦面の削平はしっかりしており、長期間使用されたことを物語る。若狭有数の国人の居城として、直之だけでなく、熊谷氏数代に亘って使用されたのではなかろうか。

　さらに山県氏の居城賀羅ヶ岳のような発達した縄張りは、一切認められない。天正１１年まで確実に存在していた若狭国人の居城は、同時進行で発達するのではなく、このような差が生じることも重要な事実として認識すべきである。

３．まとめ

　以上、縄張の概要を述べた。直之の代だけでなく、熊谷氏数代の居城だった可能性を述べた。今後は発掘調査等による考古学的成果から、より確実に裏付けられることが重要となろう。

18. 鈴 ヶ 嶽 城 (すずがだけじょう)

①若狭町岩屋　②－　③１６世紀　④１６世紀　⑤１６世紀　⑥鳥羽右兵衛佐・武田五郎
⑦山城　⑧削平地・切岸・土塁・堀切　⑨240m×70m　⑩標高323.5m、比高290m　⑪5

　『三方郡誌』・『若狭郡県志』・『遠敷郡誌』（遠敷郡教育会 1922）によれば、鳥羽右兵衛佐・武田五郎がいたという。鈴ヶ嶽城の西側には、鳥羽川が流れる大鳥羽谷には、室町幕府の奉公人として鳥羽氏がいたらしい（『戦国の若狭』）。このことから『大鳥羽史』（大鳥羽区 2010）でも城主を鳥羽右兵衛佐としている。武田五郎については武田一族と推定されるが、詳細は不明。
　山頂のA曲輪が主郭。主郭からの眺望は素晴らしく、大鳥羽谷・大倉見城方面を広く眺望することができる。ただし、山頂が円錐形の地形で、大型の曲輪を設けることが難しかったことから同心円状に小平坦面を付属させている。円錐形の地形は堀切を設けることも難しく、それにかわる防御線として、切岸を巡らしている。切岸の周囲に同心円状に竪堀を設けて、敵軍の移動速度を鈍らせている。西側の尾根続きを特に警戒していたらしく、塁線土塁を設け、逆に虎口は設けていない。
　一方、南側の尾根続きには、小規模な堀切を越えた対岸に、不明瞭ながらも小曲輪Bを設け、土橋で繋いでいる。馬出の性格も兼ねており、未発達ながらも三方城の馬出と類似する。同勢力の築城が推定できる。
　三方郡を支配した熊谷氏の居城大倉見城と鈴ヶ嶽城との直線距離は２．３㎞しかないことから、鈴ヶ嶽城は大倉見城の支城という仮説も成立する。この仮説が正しければ、大倉見城から全く見えない大鳥羽谷方面を監視・掌握するために、大倉見城主熊谷氏が築城・使用したという仮説も成立しよう。

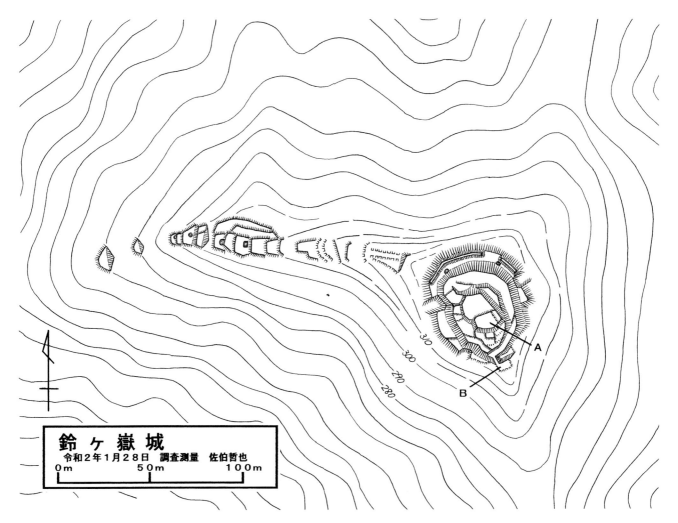

鈴ヶ嶽城
令和2年1月28日　調査測量　佐伯哲也
0m　　　50m　　　100m

19. 能 登 野 城 (のとのじょう)

①若狭町能登野　②-　③１６世紀後半　④１６世紀後半　⑤１６世紀後半　⑥市川修理亮・山県氏？　⑦山城　⑧削平地・切岸・土塁・堀切・竪堀・畝状空堀群・石垣　⑨130m×70m
⑩標高105m　比高30m　⑪6

　『三方郡誌』によれば、守護武田氏家臣市川修理亮の城と伝えている。市川修理亮は実在の人物で、弘治２年(1556)の明通寺鐘鋳勧進算用状に「弐百文　市川修理亮殿」と記載されている(『戦国の若狭』)。

　能登野城の比高は僅か３０ｍで、要害と言うイメージは無い。さらに丹後街道からはかなり奥まった位置にあり、城を構えるには必ずしも相応しいとはいえない。ただし、その縄張りは見事で、大森氏は「こうした辺境にありながら遺構は見事で、三方郡内でもこのような縄張りは見当たらない」と述べるように、三方郡内で最も注目すべき城郭と言って良い。

　天然の要害を頼ることができないため、極めて強力な防御施設を設けている。まず東側の尾根続きを遮断するために堀切①を設け、緩やかな地形が広がる北側へ敵軍が廻り込まないように、畝状空堀群②を設ける。一方、北側の尾根続きを遮断するために、堀切兼竪堀⑤を設け、さらに③地点で南側にずらし、竪堀⑥へと続く。こうして尾根全体を遮断しており、さらに③地点でずらし、④地点から竪堀内に横矢を効かしている。計画的な縄張りと言えよう。

　山麓から登城する場合、D曲輪が馬出曲輪となり、大手口として竪堀が途切れ、横堀⑦の入口から入ったのであろう。そこから横堀⑦の堀底道を通ったと考えられるが、長時間に亘ってC曲輪からの横矢が効いている。横堀⑦の南端は広くなっているが、勿論これは後世の破壊で、⑧地点に虎口が存在し、ここからC曲輪内に入ったのであろう。

　虎口⑧からC曲輪に入った後、虎口⑨からB曲輪に入るが、このときも長時間B曲輪からの横矢が効いている。B曲輪からは、石垣で固められた櫓台が監視する虎口⑩を通過し、そして土塁で武装された虎口⑪を通過して、漸く主郭Aに辿り着く。極めて計画性の高い縄張りであり、同一時代に同一人物によって構築された縄張りであり、新旧の時代差を感じる遺構は確認できない。B曲輪の大部分に塁線土塁を巡らし、さらにC曲輪も敵軍に直撃される箇所に塁線土塁(横堀⑦)を巡らし、防御力を増強している。

　注目すべきは石垣で、主郭A・B曲輪の広範囲に亘って石垣を導入している。特に虎口⑩・櫓台⑫は石垣で固め、堅牢な建物が建っていたことを推定させる。広範囲の石垣・塁線土塁の導入は、国人クラスの関与が推定できよう。

　このようにハイレベルの縄張りを導入した能登野城だが、虎口は平虎口に近い構造となっており、土塁で固められた枡形虎口・喰い違い虎口にまで発達していない。石垣の導入・計画的な城道の設定という点は評価できるが、虎口は発達途中という段階にあるといえる。

　さて、現存の遺構は、誰が構築したのであろうか。とても市川氏とは考えられない。国人クラスとしては、３kmはなれた大倉見城に居城する熊谷氏が考えられるが、大倉見城には石垣は勿論のこと、虎口は明確になっておらず、塁線土塁もほとんど見られない。熊谷氏の縄張り技術は天正１１年まで変化しなかったと考えられるから、熊谷氏の関与も認められない。

　ここで考えられるのは、３．４km離れた南前川城の存在である。初原的な枡形虎口を有していることから、山県氏の城郭と推定した。能登野城の虎口は土塁で固められてはいないが、屈曲して入る構造となっており、初原的な枡形虎口と評価することは可能である。南前川城に石垣は使用されていないが、拠点城郭として山県氏が能登野城に石垣を導入したという仮説は成立可能である。仮に山県氏の築城であれば、明確な喰い違い虎口を持つ賀羅ヶ岳城を天正年間とすることができ、能登野城はそれ以前の元亀年間の築城とすることができよう。

　永禄１１年後瀬山城主武田元明の越前連行に成功した朝倉氏は、小浜周辺の領有にも成功する。しかし三方郡は元亀年間になっても粟屋氏との抗争が絶えず、朝倉氏は支配できなった。三方郡に飛び領地を持つ山県氏も、朝倉氏に抵抗するために能登野城を改修したのではなかろうか。

能 登 野 城
令和2年1月20日　調査測量　佐伯哲也
0m　　　　25m　　　　50m

85 90 95 100 105 105 100

①
②
A
⑪
⑩
⑤
B
⑨
⑫
④
C
③
⑧
⑦
⑥
D

虎口⑩拡大図

20. 井崎砦 （いさきとりで）

①若狭町井崎　②−　③16世紀後半　④16世紀後半　⑤16世紀後半　⑥熊谷氏　⑦山城
⑧削平地・切岸・土塁・堀切　⑨170m×40m　⑩標高65m　比高60m　⑪5

　　古記録・伝承は残っていない。大倉見城の枝峰に築かれており、大倉見城とは1.1kmしか離れていないため、大倉見城の一部とする考え方も成立する。ここでは『戦国の若狭』に従い、大倉見城とは別城として扱う。
　　現在南端に水道タンクが建設たれている。かつて広々とした地形だったと考えられるため、曲輪の存在も推定される。ただし、『戦国の若狭』所収井崎砦要図には記載されていない。B曲輪は頂部を削平して曲輪として使用しているが、かつて古墳だった可能性がある。
　　主郭はAと推定されるが、背後の遮断線は明確ではない。③や④は後世に土橋を構築、あるいは埋めてしまったため、元来存在していた堀切が不明瞭になったのかもしれない。それでも主郭の背後を防御する遮断線は脆弱という感じは否めない。背後は本城大倉見城なので、小規模な遮断線で良かったのであろう。内部には不規則な段・土塁が残るが、性格は不明。さらに内部の削平も曖昧で、臨時城郭の特徴を示す。
　　注目すべきは虎口①で、土塁を突起状に設けて、単純ながらも外枡形虎口としている。敵兵が虎口①を通過するときに、C曲輪からの横矢が効き、さらに平虎口ながら虎口②を通って主郭に辿り着く。突起状の土塁を設けて少人数しか入れない虎口とし、横矢を効かした構造は、16世紀後半の構築を物語る。
　　以上の理由により、16世紀後半に熊谷氏が大倉見城の支城として築城した臨時城郭と推定したい。永禄11年朝倉氏若狭侵攻が起因しているのかもしれない。

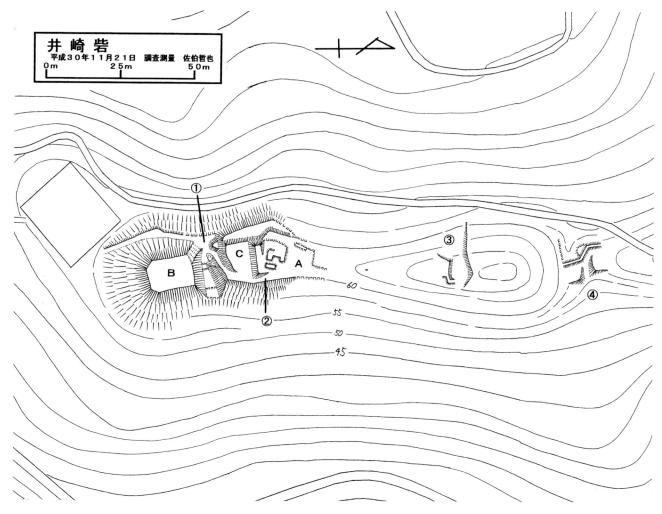

21. 成 願 寺 城 （じょうがんじじょう）

①若狭町成願寺　②－　③１６世紀　④１６世紀　⑤１６世紀　⑥熊谷氏　⑦山城
⑧削平地・切岸・堀切・土塁・竪堀　⑨ 60m × 110m　⑩標高 180m　比高 120m　⑪ 6

　『三方郡誌』によれば、天文２１年(1552)３月、不義により熊谷弾正が成願寺村を去った時に
籠城していた城と記載している。天文２１年３月若狭守護武田信豊は、粟屋右馬允の反乱を鎮圧
するために武田彦五郎信方を派遣し、２度の合戦の末、右馬允を撃退している。このとき右馬允
に応じて武田氏に背いたのが熊谷弾正大夫勝直で、武田氏は宝福寺（臥龍院の前身）に蟄居させ、
６月に自害させた（『若狭武田氏』）。『三方郡誌』の熊谷弾正と勝直は同一人物と考えられ、「不
義」とは武田氏に背いたことなのであろう。
　成願寺城は成願寺集落の裏山にあり、成願寺集落や丹後街道を見下ろすことができる。また大
倉見城も遠望することもできる。『郷土誌　成願寺区』（成願寺地区 1972）によれば、城跡は「城
の尾」・「雅庭」と呼ばれている。
　主郭は最高所のA曲輪で、基本的には単郭の城である。尾根続きを堀切①・②・切岸③で遮断
している。虎口や塁線土塁は見られず、単純な縄張りとなっている。ただし、堀切②は単純なが
らも土塁と竪堀をミックスした防御線であり、当遺構が１６世紀に築城されたことを推定させて
くれる。大倉見城の遺構年代とも一致し、大倉見城の出城という伝承を裏付けている。
　熊谷勝直は熊谷氏惣領家の当主であり、成願寺城のような小城に籠城していたとは考えられな
い。成願寺城が大倉見城の出城だったこと、勝直の居館が成願寺集落にあった（『郷土誌　成願
寺区』）ことから、勝直籠城伝承が生まれたのであろう。城主が熊谷氏あるいはそれに関与した
武将だったことは事実であろう。

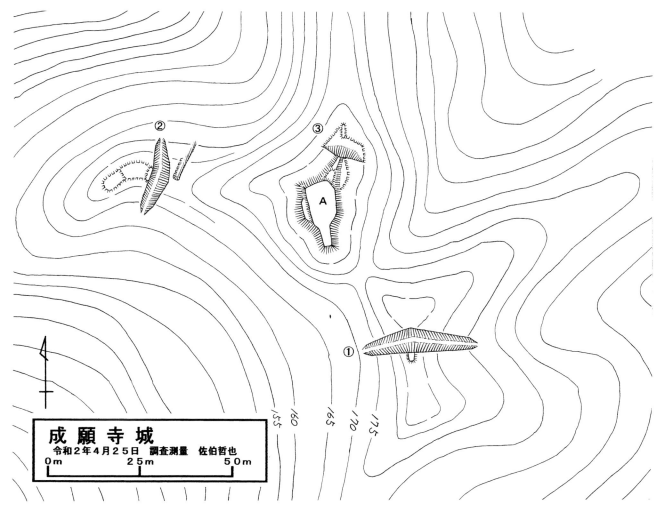

成願寺城
令和２年４月２５日　調査測量　佐伯哲也
0m　　　25m　　　50m

22. 岩屋城 (いわやじょう)

①若狭町岩屋　②ー　③１６世紀後半　④１６世紀後半　⑤１６世紀後半　⑥永井左近　⑦山城
⑧削平地・切岸・堀切・土塁　⑨90m×30m　⑩標高140m　比高100m　⑪6

　円成寺の裏山に位置する山城である。『上中町郷土史』（上中町 1964）所収『若狭郡県志』に
よれば、「円成寺後山上に貫所左衛門城址有り」と記す。同じ尾根続きで僅か６００ｍしか離れ
ていない場所に梅谷城があるため、諸記が伝える城主名は、岩屋城・梅谷城は誤伝されている可
能性がある。一応、『戦国の若狭』所収『若狭国志』に「永井左近」を城主として記載している。
小浜代官の管轄下にあった税所代に永井氏が確認できるが、左近との関係は不明。
　主郭は先端のA曲輪。単純な構造ながら、②が外枡形虎口と考えられ、切岸に対して横矢が効
いている。また、背後を遮断する堀切③は、竪堀と土塁をミックスして防御力を増強している。
さらに背後のB曲輪にも突起①があり、これも虎口と推定される。
　このように単純ながらも虎口を明確化し、土塁等を設けて防御力を増強している点は、明らか
に１６世紀後半の所産とみなすことができる。一方、A・B・Cの各曲輪は独立性が強く、連動
性は見られない。在地土豪の城郭によく見られるパターンである。
　以上が岩屋城の概要である。永井左近が何者か不明だが、６００ｍしか離れていない梅谷城と
の因果関係は、重要な解明事項である。梅谷城も岩屋城と同時期と考えられ、両城あわせて城主
等を推定すべきであろう。

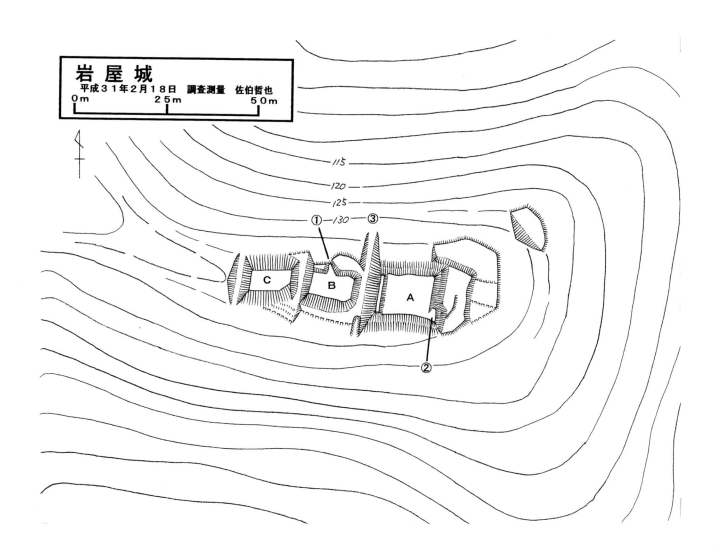

岩屋城
平成３１年２月１８日　調査測量　佐伯哲也
0m　　　25m　　　50m

23. 梅谷城（うめたにじょう）

①若狭町白屋　②－　③１６世紀後半　④１６世紀後半　⑤１６世紀後半　⑥某信濃守・貫所左衛門　⑦山城　⑧削平地・切岸・堀切・土塁　⑨２５０ｍ×４０ｍ　⑩標高３２０ｍ、比高２９０ｍ　⑪６

　『三方郡誌』には城主を某信濃守と記載し、『郷土誌　白屋区』（白屋地区 1972）には貫所左衛門を城主と記載する。いずれも詳細は不明。『戦国の若狭』では貫所氏は温科氏の誤記ではないかと推定し、某信濃守は久村信濃守ではないかと推定しておられる。梅谷城と同じ尾根上にあり、僅か６００ｍしか離れていない岩屋城も城主名に貫所左衛門を伝えている。

　梅谷城は、西城（Ａ）と東城（Ｂ）から構成されている。Ｂ城は、前後を堀切で遮断しただけの単純な構造で、主郭はＡであろう。二重堀切①と堀切②で尾根の前後を遮断し、さらに尾根続きの塁線に土塁を設けて防御力を増強している。

　注目すべきは虎口③で、単純な平虎口だが、敵軍から直撃されないように側面に設け、さらに左右を土塁で固めている。この虎口の存在から梅谷城の構築年代が１６世紀後半に下ることを示唆している。Ｂが単純な構造をしているのは、主郭Ａの前衛という格下の存在だったことに起因していると考えられる。

　虎口をある程度発達させているのは、岩屋城も同じであり、同じ尾根上にあり、僅か６００ｍしか離れていないことを考えれば、梅谷城・岩屋城は同一時代に同一人物によって構築されたと考えるのが自然であろう。築城の要因として、在地土豪の多くが山上城郭に籠城した永禄１１年（1568）越前朝倉氏若狭進攻が考えられる。小規模城郭なので、国人クラスではなく、小土豪の集合体だった可能性も指摘できる。伝承される永井氏・温科氏・久村氏が熊谷氏支配下にあり、三氏が籠城した小規模城郭群だったのかもしれない。

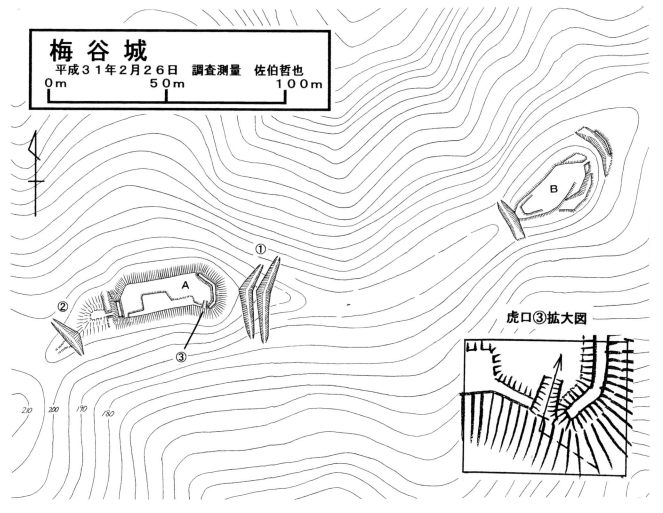

梅谷城
平成３１年２月２６日　調査測量　佐伯哲也
0m　　　50m　　　100m

虎口③拡大図

24. 麻生野城（あそのじょう）

①若狭町麻生野　②－　③１６世紀　④１６世紀後半　⑤天正１２年？　⑥香川氏氏　⑦山城
⑧削平地・切岸・堀切・竪堀　⑨180m×140m　⑩標高210m　比高130m　⑪7

　鳥羽谷の最奥に位置する城郭である。『大鳥羽史』（大鳥羽区 2010）では香川大和守（右衛門大夫）が大永年間（1521～27）の居城とする。『若狭郡県志』によれば、香川右衛門大夫（後に大和守と改める）の居城と記載し、大和守は弘治３年(1557)没したという。大和守の子も右衛門大夫と名乗り、元亀元年(1570)４月織田信長若狭進攻時に信長に従属したという。このことは『国吉籠城記』に熊川まで信長を出迎えた若狭衆の中に「鳥羽の香川右衛門大夫」と記載していることからも明らかである。なお『上中町郷土史』（上中町 1964）では香川左衛門太夫と記し、若干の誤伝が見られる。香川氏について大森宏氏は『戦国の若狭』の中で、守護武田氏の雑掌あるいは奉行人だった可能性を述べておられる。

　このあと香川氏は丹羽長秀の与力として織田政権に従属し、天正３年(1575)信長の越前攻めでは、海上から一向一揆を攻める織田軍の中に香川氏の名を見出すことができる（『信長公記』）。天正１０年１０月は長秀の与力として、香川（河）平兵衛が他の若狭衆と共に海津に在陣していることが知られている（「丹羽長秀書状」山庄家文書）。

　この後の香川氏の若狭における実績は、ほぼ不明である。これは他の長秀の与力として戦った山県秀政等も同じで、他国に転封させられた可能性が高い。秀政の居城賀羅ヶ岳城が天正１２年に破却された可能性が高いため、麻生野城も同年廃城になったのではなかろうか。

　城内最高所のA曲輪が主郭。江戸時代に存在していた愛宕神社の跡が残っており、そのための石積みが残っている。ただし石材は、かつて存在していた城郭の石垣を使用した可能性を残す。背後は土壇状の高まりが残るが、これも城郭としての櫓台を崩して現状に整形した可能性を残す。なお、土壇付近には、如来形坐像３体、一石五輪塔１個、五輪塔火輪１個が残っており、いずれも１４～１５世紀の製作と考えられる。神社造営時に山麓から持って上がったのであろうか。それとも山岳宗教施設として、築城以前から存在していたのであろうか。判然としない。

　西側尾根続きは、三本の大規模な堀切で完全に遮断しており、本遺構の構築年代が１６世紀後半に下ることを示唆している。さらにその背後の窪地⑤は、害獣除けの猪穴と思われ、江戸期の神社造営にあわせて造成したのであろうか。

　東側の尾根続きも大規模な二重堀切②で完全に遮断しており、やはり１６世紀後半の構築と考えられる。注目すべきは、小規模ながら明確な内枡形虎口①の存在である。まず敵軍に直撃されないように、二重堀切②・堀切③の内側に設けている。現在は麻生野集落から登る④の道を通って登城しているが、かつては東端の尾根続きから登り、虎口①に入った可能性がある。虎口①からは曲輪の端に設けられた土橋状の通路を通って主郭に至るが、この通路はほぼ曲輪毎に南北交互に設けられており、一直線に繋がっていない。つまり敵軍が一直線に進攻するのを阻止していると考えられ、城道としての通路と考えて間違いあるまい。

　④は麻生野集落に存在していた居館を繋いでいた道と考えられる。竪堀を多数設けて警戒しているものの、東西の尾根続きのように堀切を設けて完全に遮断していない。警戒しているということは、当時から城道として存在していたことを裏付けている。居館と詰城を繋ぐ重要な道だったため、完全な遮断はできなかったのであろう。虎口①から伸びていた道が大手道ならば、④は内向きの道と言える。居館と詰城を繋ぐ道が必ずしも大手道とは限らないことを物語っている。

　このように大規模な遺構は、他の鳥羽谷の城郭には見られず、香川氏が鳥羽谷の盟主であったことを物語る。そして小規模ながらも明確な虎口、それに付属する計画的な城道の設定は、明らかに本遺構の構築年代が１６世紀後半であることを物語っている。香川氏も永禄１１年(1568)越前朝倉氏若狭進攻に城郭を改修したのであろうか。

　なお『遠敷郡誌』（遠敷郡教育会 1922）では、麻生野集落に香川氏の居館があったと述べる。現在遺構は残されていないので、地籍図を用いて居館の有無を検討するのが今後の課題となろう。

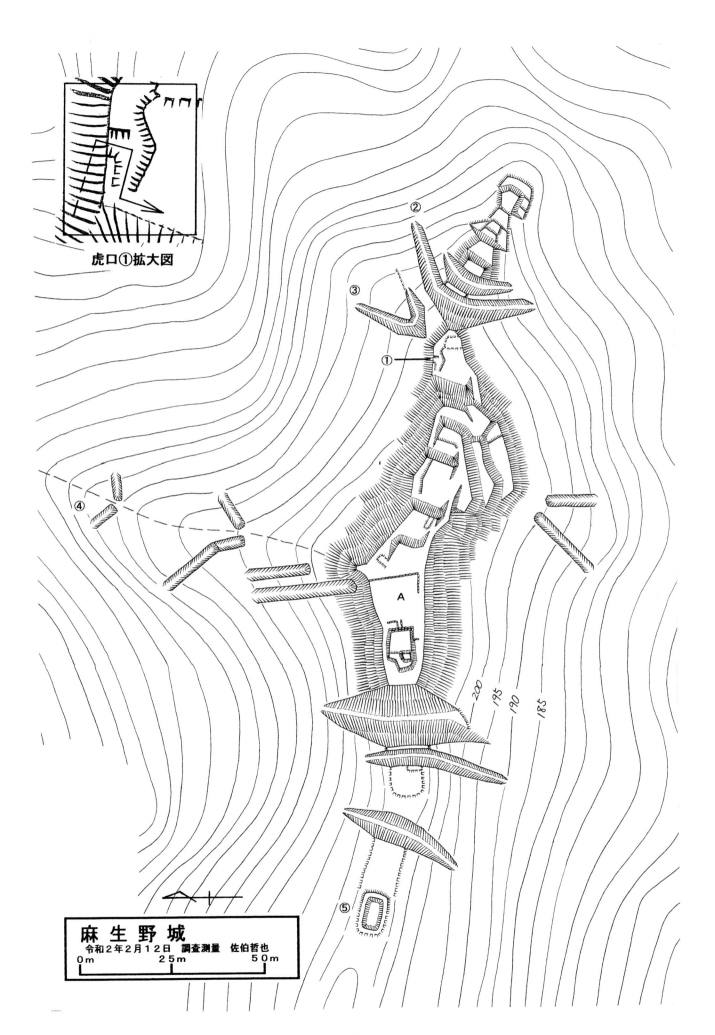

虎口①拡大図

A

②

③

①

④

⑤

200
195
190
185

麻生野城
令和2年2月12日　調査測量　佐伯哲也
0m　　　　25m　　　　50m

25. 白 屋 北 山 城 (しろやきたやまじょう)

①若狭町白屋　②－　③１６世紀後半　④１６世紀後半　⑤１６世紀後半　⑥？　⑦山城
⑧削平地・切岸・竪堀・土塁　⑨40m×30m　⑩標高60m　比高10m　⑪6

　　『戦国の若狭』に紹介された小規模城郭である。既に道路造成によって大きく破壊されている
が、主郭はA曲輪であろう。下段にB曲輪と土橋で繋がる。南側に帯曲輪Cが巡る。帯曲輪Cは
平坦面④へと続くが、その間を竪堀①が遮断する。平坦面④には土塁②・③が残る。
　　現状ではこのような状況だが、破壊される前の平成５年度に発掘調査が実施され、そのとき作
成された平面図（以降、旧図とする）が、旧状を知る手掛かりとなる。旧図では道路で破壊され
た場所に、二重堀切を描き、城外側の堀切に土橋を設けて連絡していた。つまり平坦面④は、そ
のまま城内側の堀切の堀底道と繋がり、土塁③は二重堀切の間の土塁となるわけである。さらに
旧図は、土塁②を横堀の土塁としている。注目すべきは竪堀①で、最上部に直径１．８ｍ、深さ
１．０ｍ以上の竪穴が確認され、水の手と評価された。ただし、素掘りで敷石等も確認されなか
った。さらに比高が僅か１０ｍで、城内に貯水施設設ける必要性が認められないため、本当に水
の手なのか、疑問を感じる。なお現在水の手は埋め戻されたのか、痕跡は残っていない。
　　背後にあったとされる二重堀切は、構築年代を決定する重要な根拠で、１６世紀後半の所産と
される。ただし『戦国の若狭』は南北朝期～室町初期としている。
　　平成５年の発掘調査では、須恵器・瀬戸美濃焼の天目茶碗・文化文政年間の越前焼が出土して
いる（『白屋北山古墳群　白屋北山城跡』福井県三方郡三方町教育委員会 1994）。天目茶碗は１
６世紀後半と考えられたため、二重堀切も１６世紀後半とするのが妥当であろう。

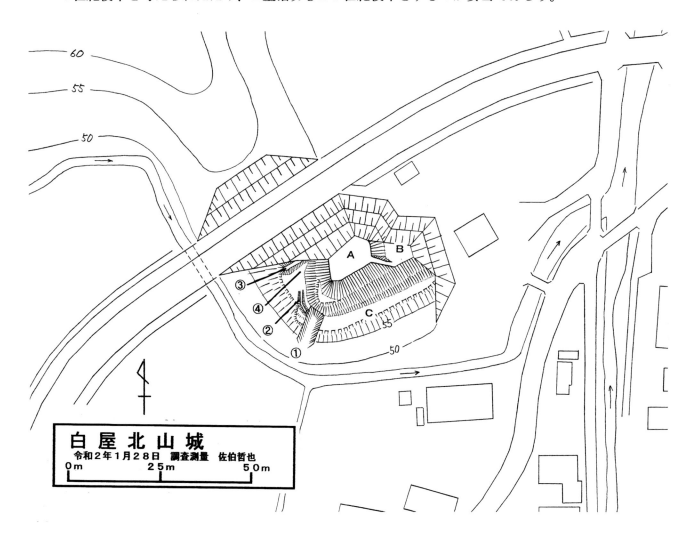

白屋北山城
令和2年1月28日　調査測量　佐伯哲也
0m　　　　25m　　　　50m

26. 堂 山 城 (どうやまじょう)

①若狭町無悪　②－　③戦国期　④戦国期　⑤戦国期　⑥鳥羽左内　⑦山城
⑧削平地・切岸・堀切・土塁　⑨120m×40m　⑩標高110m　比高50m　⑪7

　『遠敷郡誌』(遠敷郡教育会 1922) 及び『上中町郷土史』(上中町 1964) では、城跡の記載は
するものの、城主等は不詳としている。『大鳥羽史』(大鳥羽区 2010) では里人の伝承として、
城主を鳥羽左内としており、これは弘治年間(1555〜57)のことかと推定している。
　鳥羽氏について不明な点が多いが、大森宏氏は室町時代には幕府の奉公衆として存在したので
はないかと推定しておられる(『戦国の若狭』)。鳥羽谷に鳥羽姓の武将がいたことは事実で、神
宮寺文書(『戦国の若狭』)には「若州中郡鳥羽庄内買得之田地事」として、「一　壱段　在所同
(鳥羽黒田ネリカネ) ウシトラスミ　売主鳥羽左衛門尉賢冬」とある。これは大永4年(1524)の
ことで、鳥羽左衛門尉賢冬は「香川大和守殿内」とある。従って鳥羽庄(谷)は香川氏の支配下
にあり、鳥羽氏は香川氏に従属していた土豪と推定できる。賢冬が売った鳥羽黒田は無悪と1km
離れた集落なので、鳥羽氏は無悪と黒田を支配していた土豪だったのかもしれない。
　堂山城は無悪集落の裏山に築かれており、観音堂の背後に位置していることから堂山と名付け
られたという。城跡の真正面に麻生野城を遠望することができ、両城の従属関係が推定できる。
縄張りは単純で、尾根の突端に主郭Aを設け、麓に両端を竪堀状に落とす堀切①を設けている。
主郭Aに残る窪地は炭焼き穴と推定される。堀切①の南側には不明瞭な段等が残るが、城郭遺構
なのか判然としない。
　単純な構造で、時代の特徴を示す遺構は残っていないため、構築年代を戦国期としたい。単純
かつ小規模なのは、そのまま鳥羽氏の勢力をそのまま示しているのかもしれない。

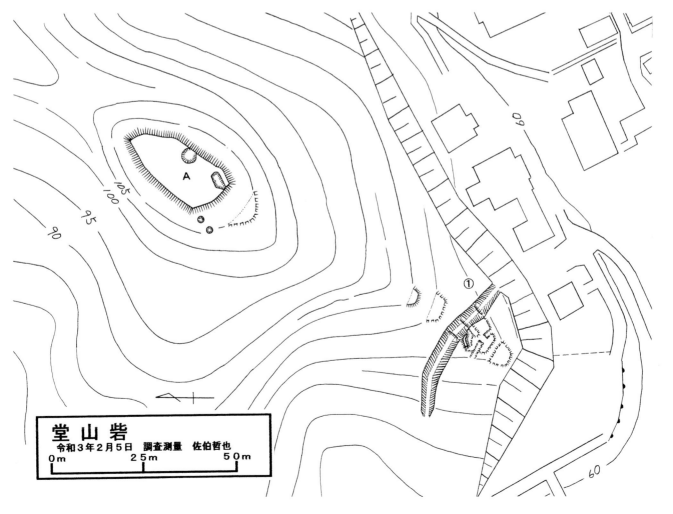

堂 山 砦
令和3年2月5日　調査測量　佐伯哲也
0m　　　　25m　　　　50m

27. 山内城 (やまうちじょう)

①若狭町山内　②－　③１６世紀　④１６世紀後半　⑤１６世紀　⑥粟屋式部丞光若　⑦山城
⑧削平地・切岸・堀切・土塁・竪堀　⑨ 520m × 230m　⑩標高 201.6m　比高 160m　⑪6

　『遠敷郡誌』（遠敷郡教育会 1922）及び『上中町郷土史』（上中町 1964）によれば、城主を守護武田氏家臣粟屋式部丞としている。大森宏氏は式部丞を粟屋光若としている（『戦国の若狭』）。光若は、桂川合戦（大永７年＝ 1527）で戦死した粟屋家長の子で、武田元光・信豊の二代に亘って奉行を務めた武将であり、天文８年(1539)～弘治元年(1555)までの活躍が認められる（『若狭武田氏』）。

　『郡県志』では守護武田義統が光若に宛てた感状を記載しており、大森氏はこれを永禄年間と推定しておられる（『若狭安賀里史』上中町安賀里区 1994）。感状は近年の忠節に報いるため、内裏段銭十貫文を与えているものだが、義統に与える所領などどこにもなく、臨時に徴収した内裏段銭を与えているところに、当時の義統の苦悩が窺える。

　城内最高所のA曲輪が主郭。主郭からは鳥羽谷南部、特に丹後街道を眺望することができる。主郭Aの平坦面はきれいに削平され、永年使用された居城だったことを裏付けている。山上曲輪の両端に土塁②・③があり、計画性が認められることから、同時に構築された可能性を残す。

　①は不明瞭ながら内枡形虎口で、１６世紀後半に改修された可能性を残す。この虎口は南側に開口しており、当然ながら、大手方向は南側と考えられる。

　通説では出丸と称されるB曲輪を通って山内集落へ至る道が大手道とされているが、縄張りは全く違った構造を示す。これを裏付けているのが、堀切の配置である。堀切は④・⑤・⑥・⑦と設け、尾根続きを遮断しているが、唯一遮断していないのが、⑧の尾根続きである。重要な道（大手道）が通っていたから堀切で遮断していなかったと推定することができ、大手道は⑧の尾根を通り、土塁②の内側を通って内枡形虎口①に入ったと考えるのが自然であろう。

　Bは出丸と考えられ、主郭Aから死角となる鳥羽谷を眺望するための施設とされている。しかし、敵軍の進攻が最も予想される山麓方面に防御施設（堀切）を設けず、敵軍の進攻が最も考えにくい東側の尾根続きを切岸にて遮断している。さらに土塁も東側に設け、東側（主郭方向）を監視している。

　このように出丸は城郭施設としては不自然な点が多いのも事実である。宗教施設としての可能性も模索すべきであろう。

　内枡形虎口①や土塁は、当初から存在した遺構ではなく、１６世紀後半に付け足された遺構の可能性も否定できない。この考えが正しければ、当初の大手方向は、必ずしも南側とは言えない。ここで一つの考えとして、堀切の土橋がある。山上に設けられた堀切で、唯一土橋を設けているのが堀切⑦である。土橋は通路を確保するためのもので、遮断を目的とした堀切とは相反するものである。従って廃城後に設けられたものが多い。しかし堀切⑦の場合、土橋を設けたことにより弱体化した防御力を補強するために、城外側に小曲輪・竪堀を設けていることから、土橋は当時から存在していたと考えて良い。

　堀切⑦に設けられた土橋が、当時から設けられた唯一の土橋なら、ここに重要な城道（大手道）が通っていたと考えるのも可能である。従って当初の大手道は、尾根道を通って山内集落へ至っていたと考えることも可能である。

　以上の考えにより、１６世紀後半を境として、大手道が変化した可能性を指摘できる。それは城主の交代とも捉えることもできる。１６世紀前半までの城主は粟屋家長・光若で、後半以降は城主が変化したのではなかろうか。丹後街道を挟んだ東側には１６世紀後半と推定される安賀里城があり、筆者はこの変化は安賀里城が強く関与しているのではないかと推定している。ただし、これは仮説の範疇でしかなく、可能性を指摘するだけにしておきたい。

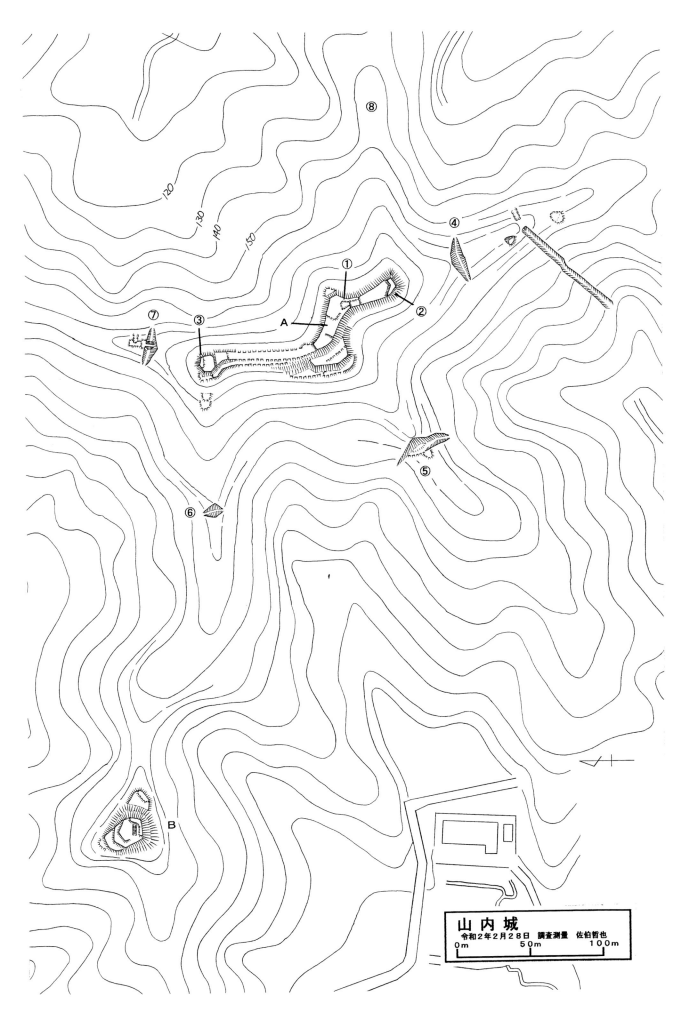

山 内 城

令和2年2月28日　調査測量　佐伯哲也

0m　　　　50m　　　　100m

28. 高畑山城（たかばたけやまじょう）

①若狭町有田　②持田城　③１６世紀　④１６世紀後半　⑤１６世紀後半　⑥新（仁）田氏
⑦山城　⑧削平地・切岸・竪堀・堀切・土塁　⑨140m × 40m　⑩標高260m　比高210m　⑪8

　『遠敷郡誌』（遠敷郡教育会 1922）及び『上中町郷土史』（上中町 1964）では、堤（箱ヶ岳）城主内藤佐渡守が築き、家臣の新田式部が守ったと伝えている。新田氏は新田義貞の弟・脇屋義助の子孫と称されており、大森宏氏は内藤国高が活躍する永正年間（1504 〜 25）以降箱ヶ岳城の支城として築かれたのではないかと推定しておられる（『戦国の若狭』）。

　新田氏は守護武田氏の陪臣でありながら、名門の末裔という身分からか、当代随一の連歌師里村紹巴と交流があり、『紹巴天橋立紀行』によって永禄１２年（1569）６月２日、紹巴は仁（新）田越後守別邸に宿泊し、連歌会を催していることが確認できる（『若狭武田氏』）。高畑山城は、純軍事的な城郭だったため、山麓にあったと推定される別邸で催されたのであろうか。

　通称高畑山山頂に位置する。３km離れた南西側に箱ヶ岳城を遠望することができ、両城が本支城関係にあったことを推測させる。尾根頂部を削平して主郭Aとし、北側の尾根続きを堀切①で遮断する方法は、全国的に普遍的に見られる縄張りである。注目すべきは土塁で構築された明確な内枡形虎口②である。この虎口の存在から、本遺構が１６世紀後半に構築されたことを物語っている。虎口③は単純な平虎口だが、土塁で構築され、曲輪内から横矢が掛かり、これも１６世紀後半の構築と見て良い。形状から虎口①が大手と考えられる。

　城域の前後に同時代の虎口が存在することから、新旧の遺構は存在せず、全て１６世紀後半に築城された遺構と考えて問題あるまい。本城の箱ヶ岳城も１６世紀後半に改修された可能性が高いため、本支城あわせて総合的に評価する必要があろう。

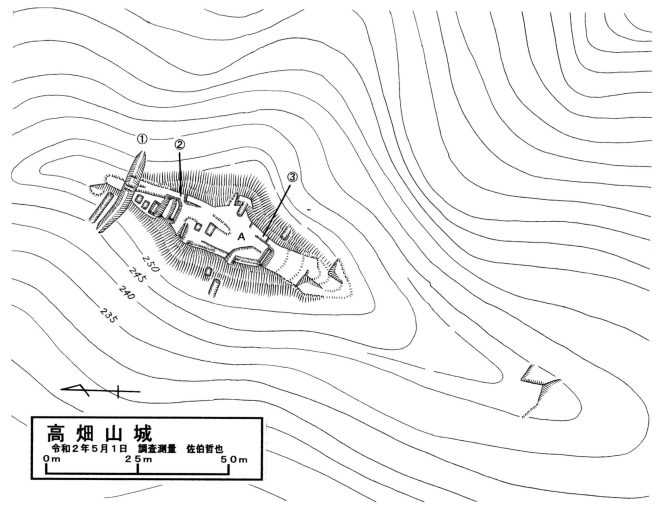

高畑山城
令和２年５月１日　調査測量　佐伯哲也
0m　　　25m　　　50m

29. 向 山 砦 （むかいやまとりで）

①若狭町下吉田　②－　③戦国期　④戦国期　⑤戦国期　⑥宮川新左衛門・松尾豊後
⑦山城　⑧削平地・切岸・横堀　⑨70m×40m　⑩標高140m　比高100m　⑪8

　『郡県志』では箱ヶ岳の支城とし、『上中町郷土史』（上中町 1964）では城主を宮川新左衛門
・松尾豊後としている。箱ヶ岳城とは谷を隔てた対岸の山上には向山砦・吉田砦・下吉田砦の小
城郭群の他に高畑山城があり、箱ヶ岳城はこの一連の城郭群を東からの敵軍の攻撃に備える防波
堤としたのであろう。
　縄張りは単純で、かつての円墳Aの周囲に切岸を巡らし、西から北側にかけて横堀を巡らして
いる。これも円墳の周濠を利用したのであろう。B・Cも古墳と考えられ、Bは尾根続きからの
攻撃を遮断するために切岸を巡らしているが、Cは加工されていない。
　向山砦・吉田砦・下吉田砦の小城郭群の南直下に丹後街道が通る。さらに同小城郭群は比高が
１００ｍと低い。このため、丹後街道を監視するために築城されたと考えられる。時代の特徴を
示す遺構が存在しないため、築城期を戦国期としたが、このような小城郭群を構築するのは、一
時的に軍事的緊張が高まった時期に限定できる。それは永禄１１年(1568)越前朝倉氏若狭進攻と
するのも、仮説の範疇であれば許されるであろう。

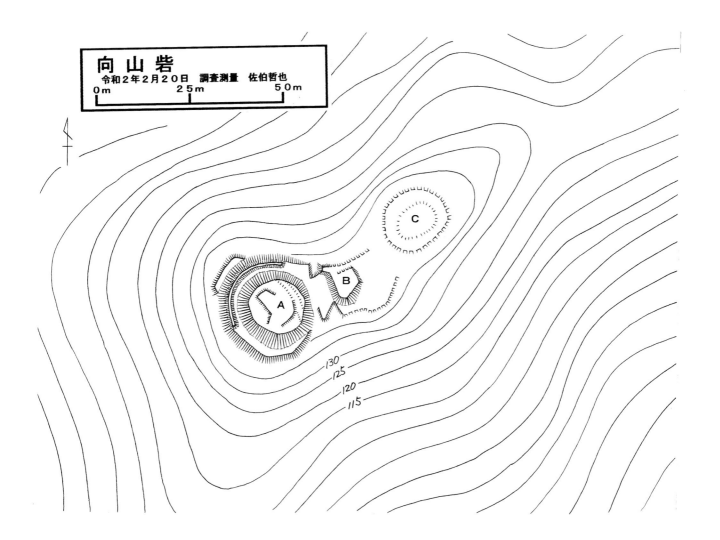

向山砦
令和2年2月20日　調査測量　佐伯哲也
0m　　　25m　　　50m

30. 下 吉 田 砦 （しもよしだとりで）

①若狭町下吉田　②－　③１６世紀　④１６世紀　⑤１６世紀　⑥宮川新左衛門・松尾豊後
⑦山城　⑧削平地・切岸・土塁・堀切　⑨ 120m × 50m　⑩標高 160m　比高 120m　⑪ 8

　　『郡県志』では箱ヶ岳の支城とし、『上中町郷土史』（上中町 1964）では城主を宮川新左衛門
・松尾豊後としている。箱ヶ岳城とは谷を隔てた対岸の山上には向山砦・吉田砦・下吉田砦の小
城郭群の他に高畑山城があり、箱ヶ岳城はこの一連の城郭群を東からの敵軍の攻撃に備える防波
堤としたのであろう。
　　山頂に主郭Aを設けている。山頂からの眺望は良く、東西の谷と集落を見下ろすことができる。
④の土塁通路は主郭Aに接していることから、簡単な虎口と推定できる。この虎口の存在から、
築城年代を１６世紀と推定した。北側方面に堀切②・③や土塁①を設けて警戒しているのに対し
て、向山砦・吉田砦方向の尾根に顕著な防御施設は設けていない。向山砦・吉田砦・下吉田砦は
まとまった城郭群で、同時期に構築されたことを示唆している。
　　向山砦・吉田砦・下吉田砦の小城郭群の南直下に丹後街道が通る。さらに同小城郭群は比高が
１００ｍと低い。このため、丹後街道を監視するために築城されたと考えられる。時代の特徴を
絞り込める遺構が存在しないため、築城期を１６世紀としたが、このような小城郭群を構築する
のは、一時的に軍事的緊張が高まった時期に限定できる。それは永禄１１年（1568）越前朝倉氏若
狭進攻とするのも、仮説の範疇であれば許されるであろう。

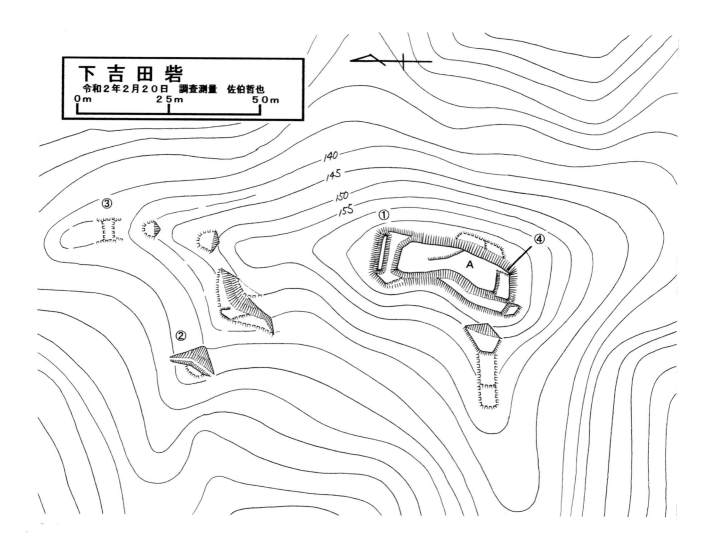

下 吉 田 砦
令和2年2月20日　調査測量　佐伯哲也
0m　　　25m　　　50m

31. 吉田砦 (よしだとりで)

①若狭町下吉田　②－　③16世紀　④16世紀　⑤16世紀　⑥宮川新左衛門・松尾豊後
⑦山城　⑧削平地・切岸・土塁・堀切　⑨40m×40m　⑩標高120m　比高80m　⑪8

　『郡県志』では箱ヶ岳の支城とし、『上中町郷土史』（上中町 1964）では城主を宮川新左衛門・松尾豊後としている。箱ヶ岳城とは谷を隔てた対岸の山上には向山砦・吉田砦・下吉田砦の小城郭群の他に高畑山城があり、箱ヶ岳城はこの一連の城郭群を東からの敵軍の攻撃に備える防波堤としたのであろう。

　主郭Aもかつては古墳だったのであろう。山麓方向に向けて堀切②を設けて尾根続きを遮断している。堀切には土橋を設けている。土橋は廃城後に設けたものも多いが、土橋の城外側に小平坦面を設けているので、当時のものと考えられる。つまり地表面観察では確認できないが、土橋の城内側に虎口が存在していたのである。

　下吉田砦側に堀切を設けず、吉田砦との親密さを感じさせる。その代わりに切岸を設け、土橋通路①を構築している。これが虎口と考えられ、入る時、主郭Aからの横矢が掛かる。この虎口の存在から、築城年代を16世紀と推定した。

　向山砦・吉田砦・下吉田砦の小城郭群の南直下に丹後街道が通る。さらに同小城郭群は比高が100mと低い。このため、丹後街道を監視するために築城されたと考えられる。時代の特徴を絞り込める遺構が存在しないため、築城期を16世紀としたが、このような小城郭群を構築するのは、一時的に軍事的緊張が高まった時期に限定できる。それは永禄11年(1568)越前朝倉氏若狭進攻とするのも、仮説の範疇であれば許されるであろう。

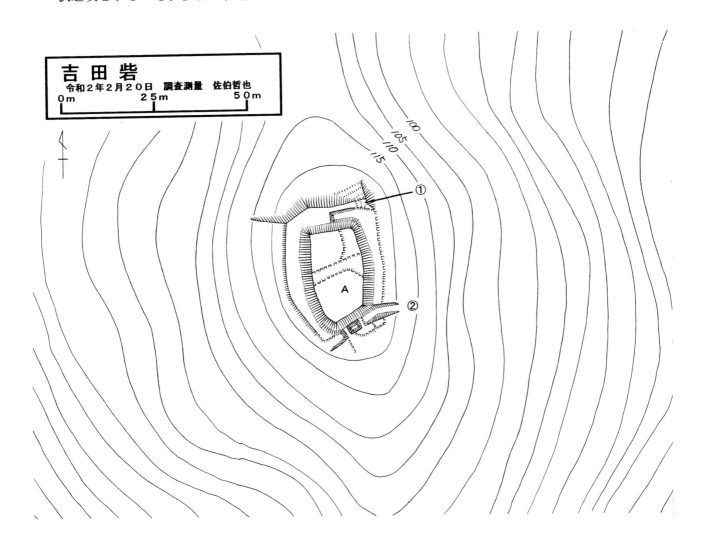

吉田砦
令和2年2月20日　調査測量　佐伯哲也
0m　　　　25m　　　　50m

32. 箱 ヶ 岳 城 (はこがだけじょう)

①若狭町堤　②－　③１６世紀　④１６世紀後半　⑤天正１１年?　⑥内藤佐渡守　⑦山城
⑧削平地・切岸・土塁・堀切・竪堀・畝状空堀群　⑨500m × 270m
⑩標高 402.2m　比高 370m　⑪8

　若狭守護武田氏の家臣内藤氏は、惣領家である筑前守家と庶流家の佐渡守家があった。『野木村誌』（野木村教育会 1922）によれば、箱ヶ岳城は内藤佐渡守の居城で、武田信豊の代に築城したと記載している。ちなみに筑前守家の居城は天ヶ城（小浜市）とされている。

　佐渡守（五郎左衛門尉）家は当代随一の連歌師里村紹巴と交流があり、『紹巴天橋立紀行』によれば永禄１２年(1569)閏５月２７日、箱ヶ岳城に紹巴を招き、「海山にしれる所ありとおほゆる肴なと也」と山海の珍味で歓待している（『戦国の若狭』）。このとき紹巴は「城内（箱ヶ岳城）にあやしき清水あり」と『紹巴天橋立紀行』に記載している。「あやしき清水」の詳細は不明だが、庭園の可能性もあろう。なお翌２８日に城内で連歌会を行っている。

　元亀元年(1570)織田信長が若狭に進攻すると、他の若狭衆と同様に信長に従属し、天正元年(1572)若狭一国が丹羽長秀に宛がわれると長秀の与力となる。天正３年信長越前進攻には織田方の海軍として内藤筑前守の名が見える（『信長公記』）。一方内藤佐渡守も天正７年(1579)三方郡丹生浦（美浜町）の領有が確認できる（『福井県史通史編3』）ことから、織田政権では居城在住・旧領支配を認められ、箱ヶ岳城に居城していたのであろう。

　天正１０年１０月丹羽長秀書状（山庄家文書）には、長秀が近江海津城に派遣した若狭衆の中に「内藤佐渡守」の名が見える。このように長秀の与力として賤ヶ嶽合戦の勝者側に付いたにもかかわらず、以後の内藤佐渡守の末路は詳らかにできない。いずれにせよ、多くの若狭中世城郭が廃城となった天正１２年に箱ヶ岳城も豊臣政権によって破却されたのであろう。

　箱ヶ岳城は若狭中世城郭最高所の城郭で、支城とされている高畑山城は勿論のこと、北川対岸の神谷城まで遠望することができる。城内最高所のA曲輪（通称城台）が主郭。不自然な段が残るものの、中央は２０m四方程度の平坦面となっているので、小さな東屋程度は建ちそうである。ここで紹巴を招いた酒宴が行われたのであろうか。北側の尾根続きには、三本の堀切を設けており、東斜面には畝状空堀群を配置する。つまり堀切群と畝状空堀群がセットになった防御施設であり、本遺構が１６世紀後半に構築されたことを物語る。大森宏氏は『戦国の若狭』で②付近を庭園跡と想定し、「あやしき清水」があった場所としている。しかし現状から庭園跡と認められず、従って紹巴が「あやしき清水」と述べた場所を特定することは困難である。

　主郭Aから落ちる大竪堀③は、北側の尾根から進攻してきた敵軍が、東斜面に廻り込ませないようするための防御施設と理解できる。そうなら⑥の尾根に重要な城道が通っていたと推定できるが、現状では確認できず、急峻な地形からも想定は不可能である。しかし『野木村誌』では⑥に大手道が通っていたと記載する。にわかに信じ難いが、縄張り的には有り得る話である。B曲輪は通称二ノ丸。方形の土壇が残り、宗教的な小堂が建っていたことを推定させる。現状では確認できないが、『野木村誌』は数個の礎石が存在していたことを臭わしている。B曲輪の南西尾根を土塁通路状に加工し、その先を両竪堀で遮断する。さらにその先端に小曲輪④を置く。小曲輪④は土橋で繋がった馬出曲輪の性格も兼ねており、１６世紀後半の構築を推定させる。

　南端にC曲輪が存在する。実質的な大手道と考えられる桂雲寺から登る城道が合流する曲輪で、主郭Aを防御する純軍事的な曲輪と考えられる。そのため、曲輪の両端に櫓台を設けて防御力を増強し、段や土塁を設けて曲輪内を通りにくくしている。現状では断定できないが、⑤の窪地はは内枡形虎口だった可能性もあり、そうなるとやはり１６世紀後半の構築が考えられる。

　以上見てきたように、小規模ではあるが、１６世紀後半に改修された痕跡を残す。それは仮説の範疇ではあるが、永禄１１年(1568)越前朝倉氏若狭進攻に備えて改修した可能性が指摘できる。ただし、内藤氏と同じく天正１０年まで存在が確認できる山県氏の居城賀羅ヶ嶽城は、明確な喰い違い虎口・石垣を持っており、なぜこのような著しい差が生じたのか、今後の課題としたい。

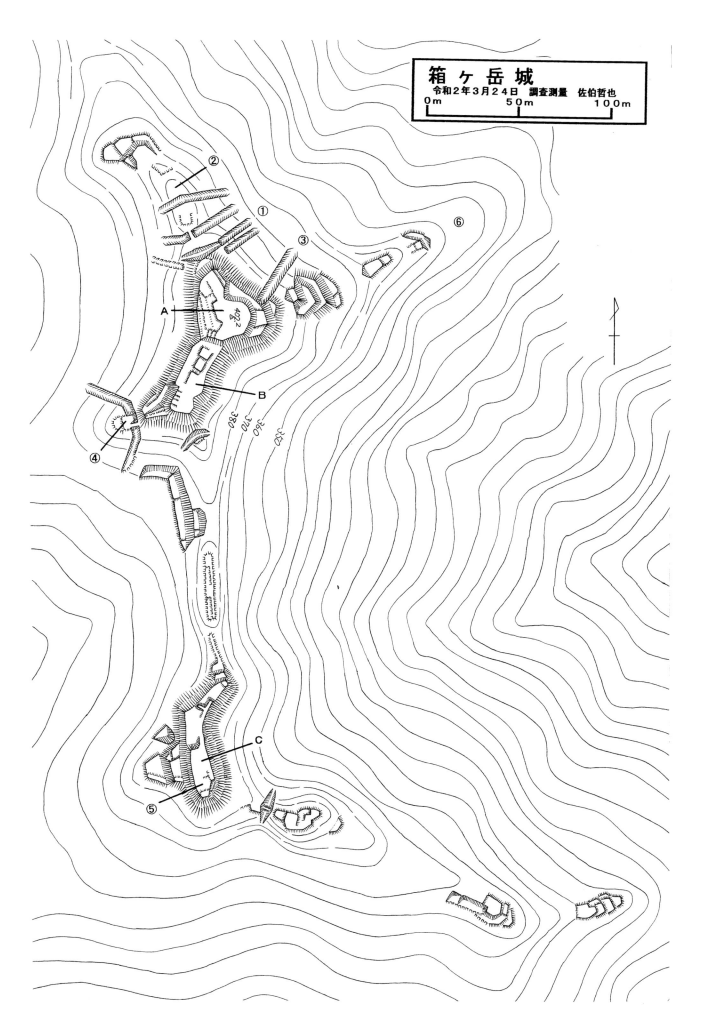

箱ヶ岳城
令和2年3月24日　調査測量　佐伯哲也
0m　　　　50m　　　　100m

33. 堤 南 城 （つつみみなみじょう）

①若狭町堤　②－　③16世紀後半　④16世紀後半　⑤16世紀後半　⑥内藤氏？　⑦山城
⑧削平地・切岸・土塁・堀切　⑨30m × 30m　⑩標高 110m　比高 70m　⑪8

　伝承及び古記録は存在しない。標高が高く広大な山麓を有する箱ヶ岳城は、遠望は非常に良好
だが、山麓直下は見えにくく、街道や集落を把握しにくかったと推定される。このような弱点を
補完するために、山麓に近い場所に支城を築いたと考えられ、それが堤南城と考えられる。
　構造は単純で、尾根続きを堀切①で遮断し、ほとんど自然地形のA曲輪を築いているのみであ
る。ただし、堀切①は土塁で防御力を増強しているので、16世紀後半の構築が予想される。純
軍事施設で臨時的に使用されただけなので、主郭Aはほとんど自然地形なのであろう。竪穴②は
猪穴と推定され、城郭施設ではない。
　本城の箱ヶ岳城も16世紀後半に改修された痕跡が残る。16世紀後半に軍事的緊張が高まっ
た結果、内藤氏が箱ヶ岳城の防御を高めるため、あるいは上記の弱点を補完するために築城した
という可能性を指摘できよう。

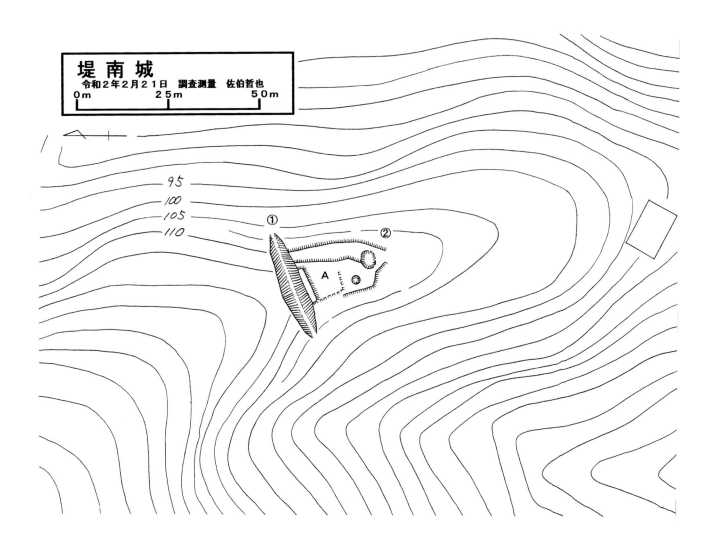

堤 南 城
令和2年2月21日　調査測量　佐伯哲也
0m　　　　25m　　　　50m

34. 堤 城 (つつみじょう)

①若狭町堤　②－　③１６世紀後半　④１６世紀後半　⑤１６世紀後半　⑥内藤氏？　⑦山城
⑧削平地・切岸・土塁・堀切・竪堀　⑨140m×60m　⑩標高190m　比高130m　⑪8

　『野木村誌』（野木村教育会 1922）によれば、本城が箱ヶ岳の大手道であり、大手道の中程中腹に「七段を形成せる平地あり」述べている。実際には１１段あるが、この七段の平地が堤城なのであろう。
　傾斜の厳しい尾根上に、平坦面を階段状に並べている。最上段のA曲輪が主郭と推定される。背後も急傾斜面が続き、とても敵軍の進攻は考えられないが、三重の堀切①で遮断している。さらに土塁で防御力を増強していることから、１６世紀後半の構築と考えられる。急峻な尾根・斜面をよじ登らなければならず、とても大手道が通っていたとは考えられないが、このような厳重な防御構造から、伝承通り大手道の存在を考えざるを得ない。最下段には、内枡形状に屈曲させ、土橋通路で曲輪と連結させた虎口②が残る。これも１６世紀後半の構築と考えて良い。
　注目したいのは、主郭A背後の櫓台に残る石垣である。現在は両脇にしか残っていないが、かつては櫓台全面に用いられていたと推定される。人頭大の石材を使用していることから、重量構造物を支える石垣ではなく、櫓台を飾る装飾用の石垣だったと考えられる。石垣を装飾用として部分的に用いた城は若狭に多く存在しているが、残念ながら使用年代は判然としない。
　伝承では箱ヶ岳城の大手道上に位置することから、箱ヶ岳城の支城として、内藤氏が１６世紀後半に築城したと考えられる。同じく支城の堤南城と違うことは、平坦面がしっかりと削平されていることである。堤南城は臨時的な構築なのに対して、堤城は大手道を防御する恒久的城郭として築城されたのではないだろうか。

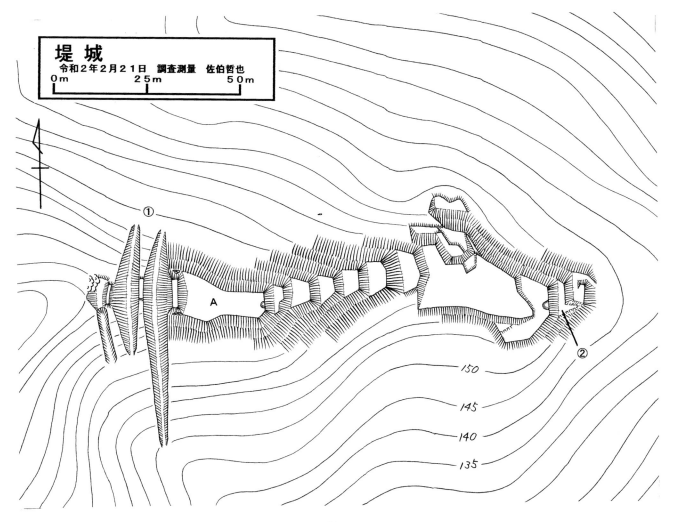

堤 城
令和2年2月21日　調査測量　佐伯哲也
0m　　　25m　　　50m

35. 玉置城 (たまおきじょう)

①若狭町玉置　②－　③南北朝期？　④戦国期　⑤戦国期　⑥山名時氏？　⑦山城
⑧削平地・切岸・土塁・堀切　⑨190m×30m　⑩標高120m　比高100m　⑪9

　大森宏氏は『戦国の若狭』で、観応の擾乱(1351)のとき、足利直義に追随して若狭に入った山名時氏は玉置城に拠ったとしている。ということは、南北朝期の城郭ということになる。

　玉置城は、玉置集落を見下ろす尾根の突端に位置し、また、山麓に丹後街道が通る交通の要衝である。尾根続きを堀切①で遮断し、主郭Aを置く。Aそのものは5m×5mと小さいため、隣接する平坦面全てを併せて主郭と考えたい。そうすれば10m×10mの大きさとなる。

　西端にはB曲輪を配置し、集落側に武者隠しのような土塁を設け、敵軍の迂回防止として両脇に竪堀を配置する。天然の要害を頼りにしている南北朝期の城郭としては、手の込んだ縄張りとなっている。土塁と竪堀をミックスさせた縄張りは、現存遺構は戦国期まで下る可能性を示唆していよう。

　以上の説明のように、南北朝期に山名時氏が拠ったのは事実としても、現存の遺構は戦国期と考えられる。玉置集落の背後に位置し、比高が100mと集落を支配するには手頃な比高である。戦国期に玉置集落を支配する在地領主が築城したのが、現存遺構の玉置城と考えたい。

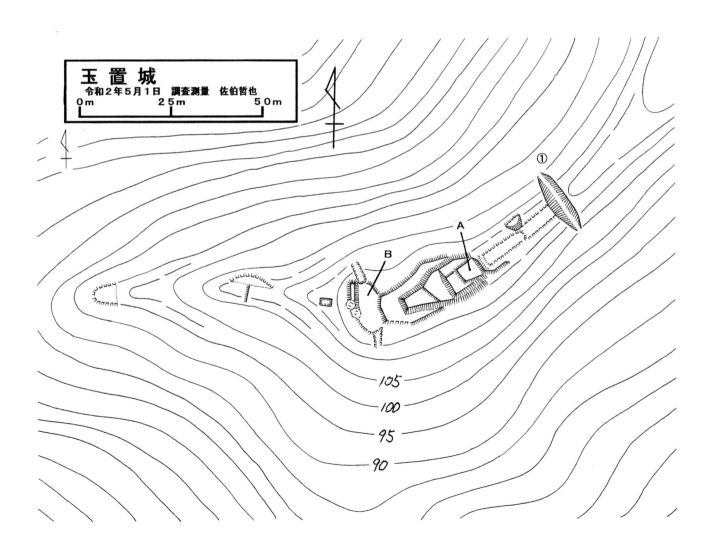

玉置城
令和2年5月1日　調査測量　佐伯哲也
0m　　　25m　　　50m

36. 神谷城 (こうだにじょう)

①若狭町神谷　②－　③南北朝期？　④１６世紀　⑤１６世紀　⑥南朝方の武将？　⑦山城
⑧削平地・切岸・堀切・竪堀　⑨170m×40m　⑩標高170m　比高130m　⑪9

　　『遠敷郡誌』（遠敷郡教育会 1922）では、城跡の存在のみを記載する。『郡県志』では南北朝期に南朝方が挙兵した場所と記載している。
　　通称城山山頂に位置し、神谷集落を見下ろす尾根の突端に築かれている。尾根続き背後には、宝筐（鏡）山権現を経由して千石山に続く尾根道が通る。かなり使用された尾根道なので、単なる登拝道ではなく、尾根越えの生活道路だったと考えられる。このような尾根道を監視・掌握するために築城されたのであろう。
　　城内最高所はBだが、ほとんど自然地形で曲輪として削平されていない。若干低いものの主郭はA曲輪とすべきであろう。尾根越えの道方向には、堀切①・②を設けて遮断している。単純に尾根を堀切るのではなく、竪堀とセットで使用して防御力を増強している。このような構造は南北朝期では考えられず、やはり１６世紀の構築と考えられる。ただし、堀切には土橋を設けており、尾根道を警戒しつつも、通路性も確保している。城主にとって必要不可欠の道であったことを物語る。一方、曲輪の周囲に切岸を巡らし、必然的に生じた帯曲輪を放置するのではなく、竪堀を設けて敵軍の進攻速度を鈍らせているのも１６世紀の所産と言える。
　　以上の説明により、南北朝期に本城が築城されたとしても、現存遺構は１６世紀に神谷集落・尾根越え道を監視・掌握するために構築されたと考えたい。
　　なお大森宏氏は『戦国の若狭』で当地点より北側３００ｍの山上を神谷城としている。現地踏査の結果、古墳と判断し、城郭ではないので記載しないこととした。

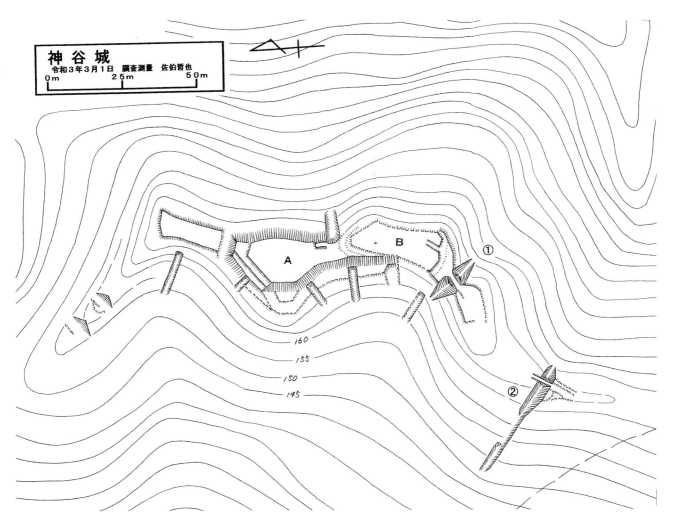

神谷城
令和3年3月1日　調査測量　佐伯哲也
0m　　25m　　50m

37. 天 徳 寺 城 （てんとくじじょう）

①若狭町天徳寺　②－　③16世紀　④16世紀　⑤16世紀　⑥松宮右近　⑦山城
⑧削平地・切岸・堀切・竪堀　⑨90m×20m　⑩標高340m　比高300m　⑪9

　『遠敷郡誌』（遠敷郡教育会 1922）及び『郡県志』では、松宮玄蕃の弟松宮右近が在城したと記載している。松宮氏は沼田氏が被官にした在地領主（『若狭武田氏』）で、熊川城に在城していた。右近の詳細は知り得ないが、兄玄蕃は『信長公記』に登場する。すなわち元亀元年(1570)4月若狭から越前に進攻した織田信長は、同月22日「若州熊河松宮玄蕃所御陣宿」としており、玄蕃の居所に宿陣したことを記載している。恐らくこれが熊川（城）のことなのであろう。その後、天正3年(1575)信長が越前に進攻した時、織田軍の水軍として参陣した「松宮」も玄蕃の可能性が高い。このようなことを考慮すれば、右近も16世紀後半の人物で、伝承通りならば天徳寺城も16世紀の城郭と推定して良いであろう。
　城跡は宝篋（鏡）山権現を見下ろす尾根上に位置する。前方を両竪堀①を喰い違い状に配置して遮断し、後方は堀切②で遮断する。山頂の平坦面Aの削平は曖昧で、天徳寺城が純軍事施設の臨時城郭だったことを物語る。喰い違い状の両竪堀の存在から16世紀の構築が想定され、遺構と伝承の年代は一致する。伝承通り松宮右近の城郭でも良いが、気になるのが僅か500mの至近距離にあり、同一の尾根上に築かれた神谷城の存在である。両城とも松宮（右近）氏の城郭だった可能性を指摘できよう。当初は膳部山城を居城としていた松宮氏だが、永禄末年頃熊川城に移る。この頃主家沼田氏を倒し、天徳寺城を築いて勢力を拡大したのであろうか。
　なお『福井県遺跡地図』では、当地点から南側約1．4km㎜離れた標高603mの山頂を天徳寺城としている。当該地点を調査したが、自然地形で城郭遺構は認められなかった。

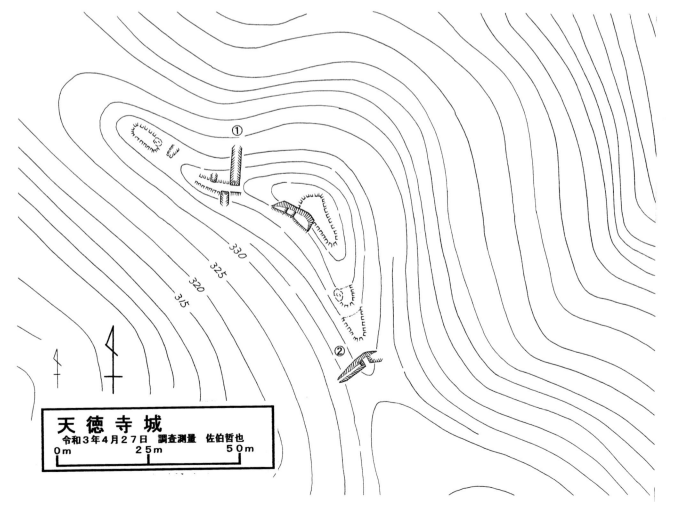

天 徳 寺 城
令和3年4月27日　調査測量　佐伯哲也
0m　　　　25m　　　　50m

38. 赤松城（あかまつじょう）

①若狭町三宅　②－　③南北朝期？　④１６世紀　⑤１６世紀　⑥三宅氏？　⑦山城
⑧削平地・切岸・堀切・竪堀　⑨100m×50m　⑩標高250m　比高170m　⑪10

　三宅集落から約２km奥まった場所に築かれており、城跡からは周囲の山が邪魔をして集落方向
は全く見通せない。城ヶ谷の奥に位置する通称城峰山（あるいは城山）に築かれている。『遠敷
郡誌』（遠敷郡教育会 1922）によれば、赤松某の城としている。『三宅の里　三宅区』（三宅の里
編集委員会 2003）では、南北朝時代、南朝方の赤松氏が立て籠もった城としている。
　大森宏氏は『戦国の若狭』で、観応の擾乱(1351)のとき、足利直義に追随して赤松則村が若狭
に入ったことを述べておられる。赤松則村とは断定できないものの、赤松一族、あるいはそれに
関与する勢力が赤松城に在城していた可能性を指摘することができる。
　主郭はA曲輪。現在主郭Aには、赤松神社及び金毘羅宮が鎮座している。また背後の平坦面B
及び礎石は、江戸期に堀切を埋め立てて、籠堂を建てた跡と伝えている。石垣もそのときのもの
と考えられ、城郭としての石垣ではない。埋めた堀切は、かつて幅１０m、深さ５mもあった大
堀切と考えられ、現存遺構が１６世紀まで下る可能性を示唆している。前面の切岸①は、竪堀や
堀切を利用して防御ラインを構築している。これも１６世紀の構築と考えられる。
　以上述べたように築城は南北朝期かもしれないが、現存遺構の構築は１６世紀である。これは
南北朝期の伝承を持つ神谷城も同様である。１６世紀において、神谷〜三宅一帯にかけて軍事的
緊張が高まり、小城郭を築城しなければならない必要性があったと考えられよう。
　なお、『福井県遺跡地図』では、当城より１．１km北側の山中を赤松城としているため、現地
踏査を実施した。その結果、全くの自然地形で城郭遺構は確認できなかった。

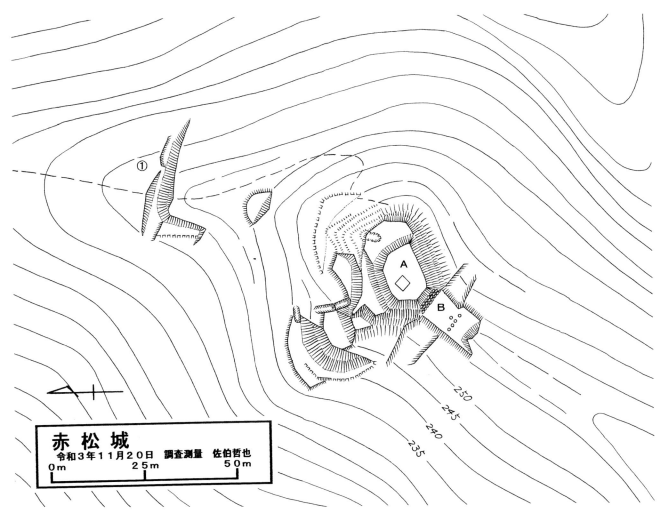

赤松城
令和３年１１月２０日　調査測量　佐伯哲也
0m　　　　25m　　　　50m

39. 安賀里城 (あがりじょう)

①若狭町安賀里　②—　③16世紀後半　④16世紀後半　⑤16世紀後半　⑥粟屋氏・松宮氏？
⑦山城⑧削平地・切岸・堀切・竪堀・畝状空堀群　⑨70m×60m　⑩標高130m　比高50m　⑪6

『郡県志』では「粟屋式部丞出城」としている。粟屋式部丞とは山内城主粟屋光若のことで、従って安賀里城は山内城の出城となる。光若は、武田元光・信豊の二代に亘って奉行を務めた武将であり、天文8年(1539)〜弘治元年(1555)までの活躍が認められる（『若狭武田氏』）。『郡県志』では守護武田義統が光若に宛てた感状を記載しており、大森氏はこれを永禄年間と推定しておられる（『若狭安賀里史』上中町安賀里区 1994）。従って安賀里城も天文〜永禄年間に粟屋氏によって築城された可能性を指摘できる。

安賀里城麓の諦応寺があり、この寺には粟屋親家が永正15年(1518)諦応寺に宛てた寺領寄進状がある（『戦国の若狭』）。それには諦応寺山上の山1ヶ所等を寄進したものだが、それは安賀里城地あるいは安賀里城付近だったと考えられる。それは当然安賀里城が存在していなかったと考えて良く、安賀里城の築城は、永正15年以降であることを物語る。ただし、寄進状には別所で「城ヶ谷」にあった「畠」も寄進しており、付近には城が存在していたことも臭わしている。

山麓に丹後街道が通る交通の要衝である。また、丹後街道から当城を経由して膳部城に至る尾根道も通っており、当城と膳部城との親密さも窺わせている。

安賀里城は基本的には単郭の城で、A曲輪が主郭。現在小祠が鎮座しており、それの出入り口が①となっている。勿論これは参道としての出入り口だが、城郭としての出入り口（虎口）としても違和感は無い。②は背後（東側）を監視する櫓台で、南側は人一人が通れる程のスペースが開いている。恐らくここを通って背後の曲輪と連絡していたのであろう。平坦面の削平は甘く、不自然な段が多く残る。これでは大規模かつ堅牢な建物は建たない。小規模かつ臨時的な建物の存在が想定される。長期間使用された居城ではなく、軍事的緊張が高まった結果築城された、軍事施設の可能性を示唆している。

注目したいのが、主郭Aの周囲に設けられた畝状空堀群である。主郭Aの周囲に切岸を巡らし、その直下に必然的に発生した帯曲輪をデッドゾーンにするために設けられたものである。畝状空堀群の存在から、16世紀後半に構築されたことが推定できる。横堀を伴っていないため、比較的古い形式の畝状空堀群だが、③だけ横堀を設けている。これは尾根道から入ってくる城道を堀底に通して①に入らせる、計画的な城道の設定と考えられる。敵軍が堀底道を通る時、曲輪内からの横矢が効いている。このような城道の設定は、16世紀後半の所産であり、周囲に設けられた畝状空堀群とセット関係にあるため、畝状空堀群も16世紀後半の構築と考えて良い。

西・南側にビッシリと設けられた畝状空堀群だが、北側は設けていない。これは築城時に重要な尾根道が通っており、それを潰すわけにはいかなかったからである。ただし、敵軍が通りにくくするための工夫も必要で、長大な竪堀④を設けて敵軍が斜面を迂回するのを完全に阻止している。それでも尾根道が通るスペースは残している。さらに堀切⑤も完全に尾根を遮断するのではなく、尾根道を通すスペースは残している。やはり尾根道は安賀里城にとって、そしてその背後に控える膳部山城にとって重要な尾根道だったのである。

Bには不明瞭な平坦面が残る。主郭Aとの関連性が全く窺えないため、全く別の性格の遺構と考えたい。諦応寺の真上にあることから、寺院関係施設の跡の可能性がある。ひょっとしたら「城ヶ谷」に存在していた古い城郭の跡かもしれない。

以上、縄張りを紹介した。尾根道と密接に関わった城郭で、しかも畝状空堀群を中心にうまくまとまった縄張りであり、全体が16世紀後半に構築されたことが推定される。背後に存在していたであろう膳部城にも関与した縄張りと言える。つまり山内城の出城ではなく、遺構的には膳部山城の出城となってしまう。膳部山城の城主は松宮氏で、松宮氏の熊川城にも畝状空堀群が存在していることも、非常に示唆的である。伝承とは否定的な結果となってしまったが、遺構とどううまく理論的に説明していくのか、今後の重要な課題といえる。

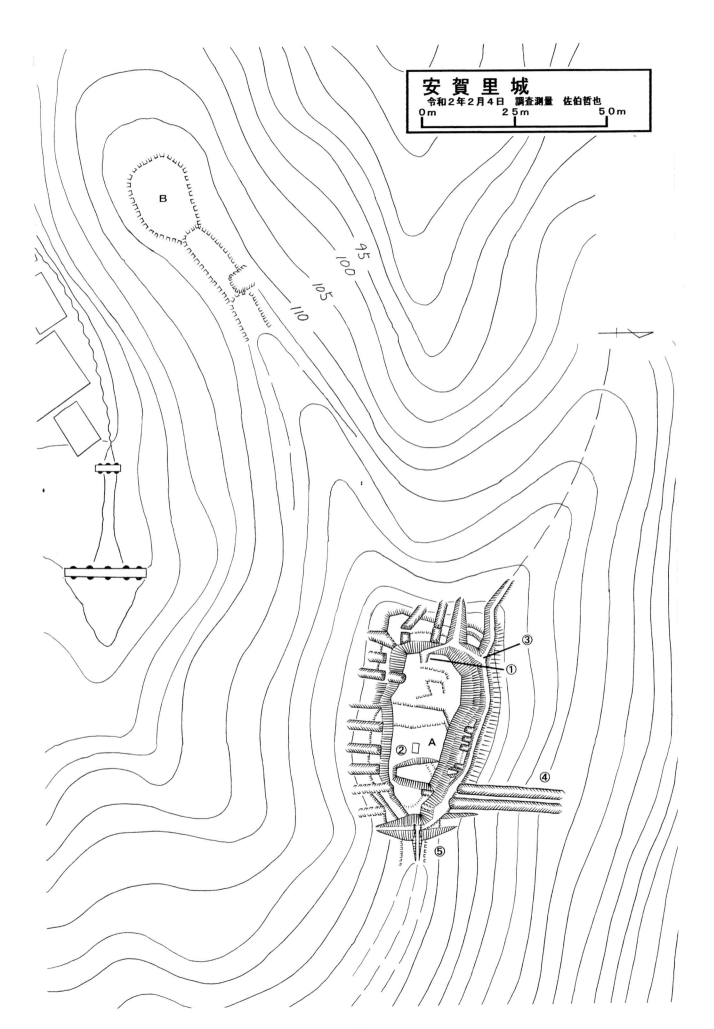

安賀里城
令和2年2月4日　調査測量　佐伯哲也
0m　　　　　　25m　　　　　　50m

40. 膳 部 山 城（ぜんぶやまじょう）

①若狭町脇袋　②－　③１６世紀　④１６世紀　⑤１６世紀　⑥松宮氏　⑦山城　⑧削平地・切岸・堀切・土塁・石垣　⑨240m×170m　⑩標高292m　比高120m　⑪11

　『遠敷郡誌』（遠敷郡教育会 1922）及び『上中町郷土史』（上中町 1964）では、松宮玄蕃（允）の居城としている。松宮氏は沼田氏が被官にした在地領主（『若狭武田氏』）で、１６世紀前半には脇袋集落を含む上吉田荘での活動が知られる（『戦国の若狭』）。玄蕃は１６世紀後半の武将である。すなわち『信長公記』には、元亀元年(1570)４月若狭から越前に進攻した織田信長は、同月２２日「若州熊河松宮玄蕃所御陣宿」としており、玄蕃の居所に宿陣したことを記載している。これは熊川（城）の山麓にあった玄蕃の居館と推定され、従って熊川城も玄蕃の持城になってたとして良い。当初は膳部山城を居城としていた松宮氏は、元亀元年には熊川城に移していたのであろう。その後、天正３年(1575)信長が越前に進攻した時、織田軍の水軍として参陣した「松宮」も玄蕃の可能性が高い。

　天正１０年１０月丹羽長秀書状（山庄家文書）には、長秀が近江海津城に派遣した若狭衆の中に「松宮勝左衛門尉」の名が見える。玄蕃の子であろうか。このように松宮氏は長秀の与力として賤ヶ嶽合戦の勝者側に付いたにもかかわらず、以後の松宮氏の末路は詳らかにできない。いずれにせよ、多くの若狭中世城郭と同様に天正１２年以前に廃城になったのであろう。

　膳部山と呼ばれる山塊の頂上に位置する。山麓には丹後街道と若狭街道が交差する交通の要衝である。城跡からの眺望は素晴らしく、丹後街道やその周辺の集落を遠望することができる。特に脇袋集落は眼下に見下ろすことができる。ただし、地形上若狭街道方面が見えにくくなっている。この欠点を補完するために、支城として瓜生上砦・登嶽城を築いたのであろう。

　主郭はA曲輪。広い平坦面で、きれいに削平されており、居城であったことを裏付けている。南北両側に虎口①・②を設け、②は櫓台まで設けているが、両方とも平入り虎口である。ただし、①の東側に石垣が残っており、人頭大の石材を使用していることから、虎口化粧用の石垣と推定される。若狭の中世城郭では、虎口あるいは櫓台の化粧用として比較的古くから多くの城郭で使用されていたと考えられ、前述の登嶽城にも見られる。従って虎口といえど、枡形にまで発達していない虎口は、１６世紀後半に下らない可能性も含んでおり、取り扱いには注意が必要である。大手虎口は、石垣で固めた①として良く、①から瓜生上砦を経由して脇袋集落に降りていたのであろう。

　ともあれ、南北に虎口を持つことから、南北の尾根上に尾根道が存在していたと考えられ、北側は安賀里城（丹後街道）、南側は瓜生上砦・登嶽城（若狭街道）を意識した縄張りと言えよう。

　虎口・石垣を持つものの、尾根上に曲輪を階段状に並べ、尾根続きを堀切で遮断しただけの、単純な縄張りである。さらにB曲輪は主郭Aを防御する重要な曲輪であるにもかかわらず、堀切を設けて遮断し、B曲輪の独立性を高めてしまっている。これらは在地領主の城郭の特徴である。

　注目したいのは、B曲輪中央に土壇を設けていることである。このような場所に櫓台を設けても、あまり意味はなく、城郭施設としてはかなり異質である。一つ考えられるのは、宗教施設（小堂）の存在である。最近の発掘調査で在地領主の居城で、宗教施設が存在しているケースが多く認められており、B曲輪の土壇にも宗教施設が存在していた可能性は高い。この点からも膳部山城は在地領主（松宮氏）の居城だった可能性は高い。もっとも土壇は廃城後に設けられた可能性もあるため、一つの可能性としておきたい。

　いずれにせよ、膳部山城に１６世紀後半まで下る遺構は見いだせない。これは１６世紀後半に松宮氏は拠点を熊川城に移したことが考えられる。ただし、これは廃城になったのではなく、安賀里城を築城しているように、改修せずにそのまま使用していたのであろう。しかし、改修されなかったということは、拠点としての地位低下を示しており、天正初年ころに廃城になったのであろうか。今後は、なぜ松宮氏が居城を熊川城へ移さなければならなかったのか、これを考えるのが重要な課題と言えよう。

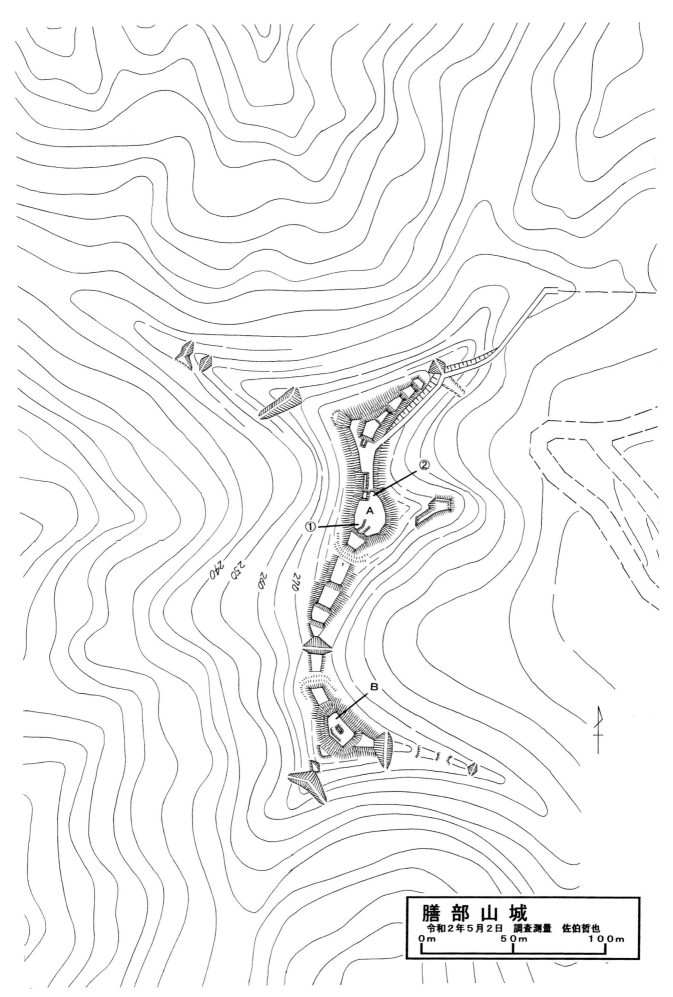

膳部山城
令和2年5月2日　調査測量　佐伯哲也
0m　　　　　　　50m　　　　　　100m

41. 登嶽城（のぼりがだけじょう）

①若狭町瓜生　②－　③１６世紀　④１６世紀後半　⑤１６世紀後半　⑥萩野氏・松宮氏　⑦山城　⑧削平地・切岸・堀切・土塁・石垣　⑨270m×80m　⑩標高188m　比高130m　⑪11

　『福井県遺跡地図』には「瓜生下砦」と記載され、「種別：城跡　時代：中世　現況：山林」と記載する。一方大森宏氏は『戦国の若狭』では登嶽城という名で記載している。城名は城が位置する登嶽（通称三角山）という山名からきており、こちらのほうが城名に相応しいため、本稿では登嶽城という名で統一する。大森宏氏は『戦国の若狭』の中で『郡県志』を引用し、萩野某を城主としている。萩野氏の詳細は不明。

　登嶽城は瓜生集落に臨む尾根上に位置し、瓜生集落や若狭街道を眺望することができる。城跡はⅠ地区とⅡ地区から構成されている。集落に臨むⅠ地区の主郭はA曲輪。背後を堀切①で遮断しており、城内側に土塁を設けて防御力を増強している。土塁とセットになった防御施設であり、本遺構の構築が１６世紀後半に下ることを示唆している。主郭Aから北側に階段状に曲輪を並べ、B曲輪に至っている。

　A～B曲輪は、西側に土橋状の通路を設けている。ほぼ一直線に入れることから、はたして城郭遺構としての土橋通路として良いのか、一抹の不安が残る。Ⅰ地区のような低標高の城郭は、かつて耕作地として使用された可能性が高い。従って西側の土橋通路は耕作地としての土橋通路の可能性を残す。ただし、１点だけ違う点がある。それは②で、入るとき曲輪内から横矢が効くようになっており、これは城郭としての虎口と認めて良い。他の土橋通路は検討を要す。

　B曲輪の先端には、不明瞭な土塁と内枡形状の窪地が残る。土塁と連動した内枡形虎口と推定されるが、判然としない。仮に土塁を伴った内枡形虎口なら、１６世紀後半の構築として良い。

　山頂部にⅡ地区がある。主郭はC曲輪で、下段にD曲輪を配置する。いずれもきれいに削平されており、居城として使用されたことを示唆する。

　これと呼応するかのように、内枡形虎口③に一部石垣が残る。人頭大の石材を使用しており、実用的な目的を見いだせないことから、虎口化粧用の石垣と推定される。「見せる虎口」を構築していることから、少なくともⅡ地区は居城として用いられたと考えられる。これは登嶽城の主城と考えられる膳部山城と同様である。

　若狭は早くから石垣が導入されたと考えられ、賀羅ヶ岳城・白石山城や能登野城（若狭町）・後瀬山城（小浜市）・小村城（小浜市）・聖ヶ嶽城（小浜市）・石山城（おおい町）に多く用いられている。部分的な用法になれば、高浜城（高浜町）・堂谷山城（若狭町）・堤城（若狭町）・膳部城（若狭町）・大塩城（小浜市）・谷小屋城（小浜市）・湯谷山城（小浜市）・青ノ郷城（高浜町）・坂本城（おおい町）の城郭で用いられている。これらの城郭は天正１２年以前に廃城になっており、従って在地土豪が構築した石垣の可能性は高い。そして象徴的なパーツ（虎口・櫓台等）に用いられることが多く、また人頭大の石材を使用していることから、権威を高める化粧用の石垣と考えられる。登嶽城も化粧用の石垣と考えられるが、内枡形虎口に用いられているため、石垣の構築も１６世紀後半として良い。平虎口の膳部山城にも使用されていることを考えれば、部分的な石垣の使用は、１６世紀全般に広く使用されていたことを推定させてくれる。

　背後には長大な堀切④を設け、完全に遮断する。幅１８m、長さ７６m、深さ５mもある見事な堀切である。しかも堀底幅が６mもあるため、堀底に凹凸を設けて通りにくくしている。１６世紀後半の構築と考えて良い。

　以上、登嶽城の概要を説明した。登嶽城の主城と考えられる膳部山城に１６世紀後半まで下る遺構が見いだせないのに、支城の登嶽城には１６世紀後半と推定される遺構が残る。これは同じく膳部山城の支城と考えられる安賀里城と同様のパターンである。主家の沼田氏を倒した松宮氏が膳部山城も手中にし、膳部山城の両脇を固めるために１６世紀後半に安賀里城・登嶽城を築城したという仮説が成立しよう。さらに主城である膳部山城を改修せず、山麓に近い支城を築城したということは、山麓を直接支配するためだったという仮説も成立しよう。

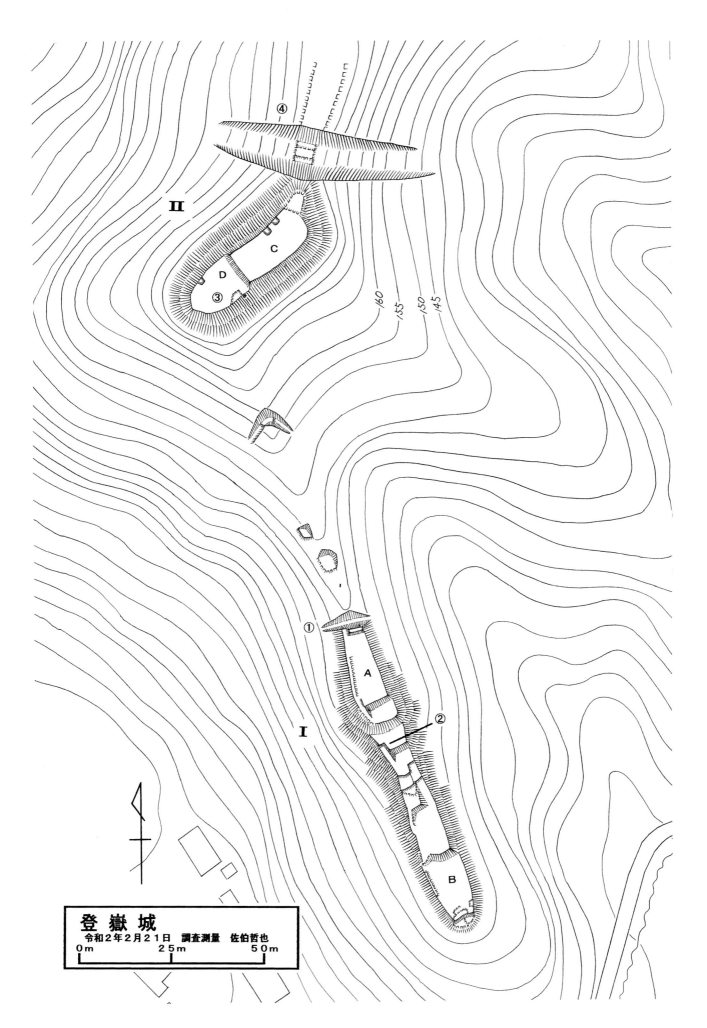

Ⅱ

C

D
③

④

160
155
150
145

①

A

②

Ⅰ

B

登嶽城
令和2年2月21日 調査測量 佐伯哲也
0m   25m   50m

42. 瓜 生 上 砦 （うりゅううえとりで）

①若狭町瓜生　②－　③16世紀　④16世紀　⑤16世紀　⑥松宮氏　⑦山城　⑧削平地・切岸・堀切・竪堀　⑨50m×20m　⑩標高210m　比高160m　⑪11

　『福井県遺跡地図』によれば「種別：城跡　時代：中世　現況：山林」と記載されている。伝承及び古記録は残っていない。
　小さな城郭で、曲輪の削平も明確でなく、臨時的な城郭と考えられる。山頂のA曲輪が主郭。西側に階段状に削平地を並べて堀切①で遮断する。その対岸にB曲輪が存在していることから、木橋等で連絡していたのであろう。その前面に竪堀②を設け、敵軍を北側に集めている。地表面観察では確認できないが、竪堀②北端あたりにB曲輪に入る虎口があったのであろう。時代を特定する遺構は残っていないものの、堀切・竪堀を用いていることから、16世紀の構築と考えて良い。
　瓜生上砦からは若狭街道を眺望することができる。しかし膳部山城からは地形上若狭街道方面が見えにくくなっている。この欠点を補完するために、支城として瓜生上砦・登嶽城を築いたのであろう。

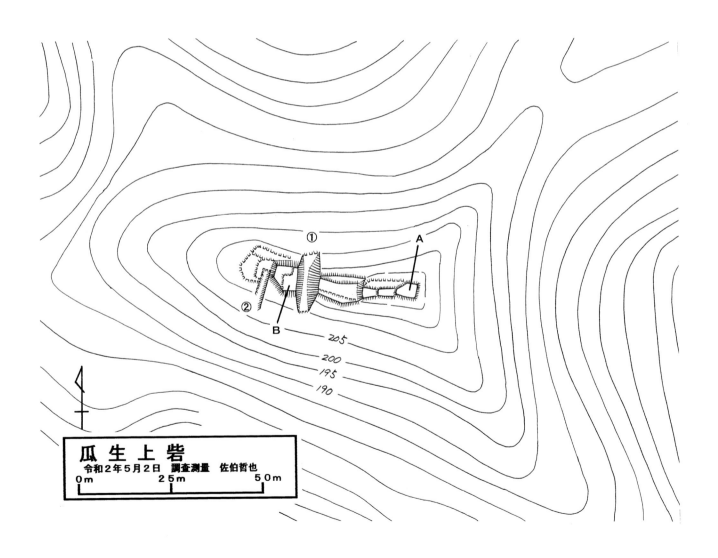

瓜生上砦
令和2年5月2日　調査測量　佐伯哲也
0m　　　　25m　　　　50m

43. 沼田氏熊川出城 (ぬまたしくまかわでじろ)

①若狭町熊川　②—　③16世紀　④16世紀　⑤16世紀　⑥沼田氏　⑦山城
⑧削平地・切岸・堀切・竪堀　⑨180m×50m　⑩標高212m　比高160m　⑪11

　大森宏氏は『戦国の若狭』の中で、沼田氏出城を2ヶ所述べておられる。1ヶ所は本稿の熊川に位置し、もう1ヶ所は新道に位置する。本稿では熊川に位置する出城を沼田氏熊川出城とし、新道に位置する出城を沼田氏新道出城とする。ただし、沼田氏新道出城は堀切が一本しか残っておらず、城郭遺構かどうか判然としないため、候補遺構に記載した。

　通称城山（字城ヶ腰）にあり、古くから城跡と認識されていたようである。太平洋戦争中、監視哨が置かれていたため、多少改変が認められるが、遺構の保存状態は良い。A曲輪が主郭で、下段にB曲輪を置く。主郭Aの方形の遺構は監視哨の遺構と考えられる。A・B曲輪を巡る切岸は不自然な形で終わっている。これは耕作地として使用されていたため、切り崩されてしまったのであろう。さらにその周囲に帯曲輪Cが認められる。基本的にA・B・C三つの曲輪から構成された城郭と理解できる。A・B両曲輪をあわせた広さは55m×25mもあり、広々とした平坦面は、居城そのものである。なお、明確な虎口は存在しない。

　尾根を遮断する堀切は、東側を竪堀状に落としており、16世紀の構築を推定させてくれる。中間の堀切にも方形遺構が認められる。これも監視哨の遺構なのであろうか。

　さて3本の堀切・竪堀、そして広々とした平坦面は、堂々とした山城であり、拠点城郭である。しかも熊川城より若干古い縄張りと考えられる。断定は避けたいが、これが沼田氏本来の居城である可能性も、大いにあり得ると筆者は推定する。松宮氏は沼田氏の本拠を廃棄し、新たな拠点として熊川城を築城したのではなかろうか。

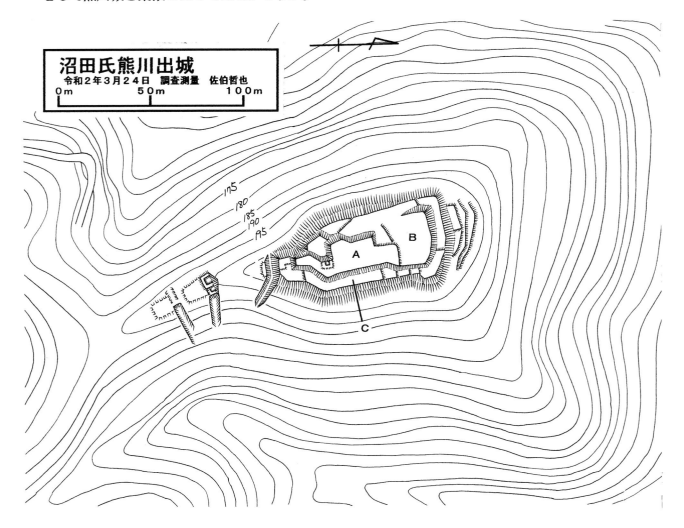

沼田氏熊川出城
令和2年3月24日　調査測量　佐伯哲也
0m　　　　50m　　　　100m

44. 熊 川 城 （くまかわじょう）

①若狭町熊川　②－　③１６世紀後半　④１６世紀後半　⑤１６世紀後半　⑥沼田氏？・松宮氏
⑦山城　⑧削平地・切岸・堀切・竪堀・土塁・畝状空堀群　⑨220m × 80m
⑩標高 185m　比高 100m　⑪ 11

　　『くまかわ』（熊川公民館 1979）によれば、沼田氏の居城となっている。沼田氏は室町幕府の
奉公衆で、沼田弥七郎統兼は若狭守護武田義統の「統」と名乗っていることから、一時的であれ
武田氏とも主従関係を結んでいた（『若狭武田氏』）と考えられる。
　　この統兼は『紹巴天橋立紀行』によれば、永禄１２年(1569)閏５月２６日「三里行て朽木殿よ
り御馬いたされて熊川に付ぬ。沼田弥七郎（統兼）殿御宿を被仰付云々」（『戦国の若狭』）とあ
ることから、熊川に居館を構えていたと考えられる。従ってこの時点での熊川の領主は沼田氏に
なる。しかし、一つの疑問が生じる。弘治２年(1556)『明通寺鐘鋳勧進算用状』に「三百文　熊
かハ　松宮殿百姓」（『戦国の若狭』）とあり、熊川の領主が松宮氏になっている。これは沼田・
松宮両氏における熊川領の争奪戦が繰り広げられていたことを物語るのであろうか。
　　争奪戦は松宮氏が勝利したと考えられる。すなわち『信長公記』には、元亀元年(1570)４月若
狭から越前に進攻した織田信長は、同月２２日「若州熊河松宮玄蕃所御陣宿」としており、玄蕃
の居所に宿陣したことを記載している。従ってこの時点で熊川は松宮氏が領有していたと考えら
れる。『上中町誌』によれば、永禄１２年３月膳部山城主松宮玄蕃と熊川城主沼田勘解由が合戦
し、沼田勘解由が敗れて近江に敗退したと述べている。年次には問題があるが、両者が戦ってい
たことは事実であろう。当初は膳部山城を居城としていた松宮氏は、元亀元年には熊川に拠点を
移していたのであろう。その後、天正３年(1575)信長が越前に進攻した時、織田軍の水軍として
参陣した「松宮」も玄蕃の可能性が高い。
　　天正１０年１０月丹羽長秀書状（山庄家文書）には、長秀が近江海津城に派遣した若狭衆の中
に「松宮勝左衛門尉」の名が見える。玄蕃の子であろうか。このように松宮氏は長秀の与力とし
て賤ヶ嶽合戦の勝者側に付いたにもかかわらず、以後の松宮氏は詳らかにできない。
　　城跡は通称城山山頂に位置し、松川宿や若狭街道を見下ろしている。城内最高所のA曲輪が主
郭。一段下がった曲輪に土塁通路①を設けており、これが主郭への虎口を兼用していたと考えら
れる。他の曲輪にも土塁通路が見られ、やはり虎口を兼用していたと思われる。ただし枡形虎口
は見られない。
　　縄張りは、基本的には尾根上に階段状に曲輪を並べた単純なもので、背後を堀切で遮断してい
る。一口に堀切といっても、大小様々な堀切を６本も連続させたもので、これを上回る連続堀切
は若狭では存在しない。連続堀切は南側に竪堀状に落としており、それでも不安だったのか、竪
堀③・畝状空堀群②を設けている。連続堀切・竪堀・畝状空堀群が見事に連動した防御施設であ
り、現存遺構が１６世紀後半に構築されたことを物語っている。尾根最先端にも畝状空堀群④を
設けている。これは尾根先端に大手道が存在していたことを物語っており、敵軍が大軍で進攻す
ることを阻止している。これも１６世紀後半の構築である。
　　B曲輪等の平坦面はきれいに削平されており、熊川城が拠点として築城されたことを物語る。
土塁通路と兼用した虎口が設けられているものの、多くの曲輪の虎口は不明瞭で、しかも各曲輪
間は鋭い角度の高切岸によって分断されてしまっている。旧態依然とした縄張りの特徴も各所に
残している。ただし、城域内に堀切を設けて完全に遮断しているわけではない。この点、二重堀
切を設けて完全に遮断している南側尾根とは対照的である。
　　Cの扱い方は難しい。中央に岩座状の岩があるため、宗教施設としての平坦面の可能性を残す。
畝状空堀群④直下に白石神社がある。確定はできないが、城主居館が存在していたと思われる。
　　さて、現存遺構は誰が構築したのであろうか。１６世紀後半の構築と推定され、沼田・松宮両
氏が該当する。松宮氏が城主とされる膳部山城支城の安賀里城にも畝状空堀群が存在することか
ら、勢力拡大に成功した松宮氏が、新たな拠点として築城したという仮説が提唱できよう。

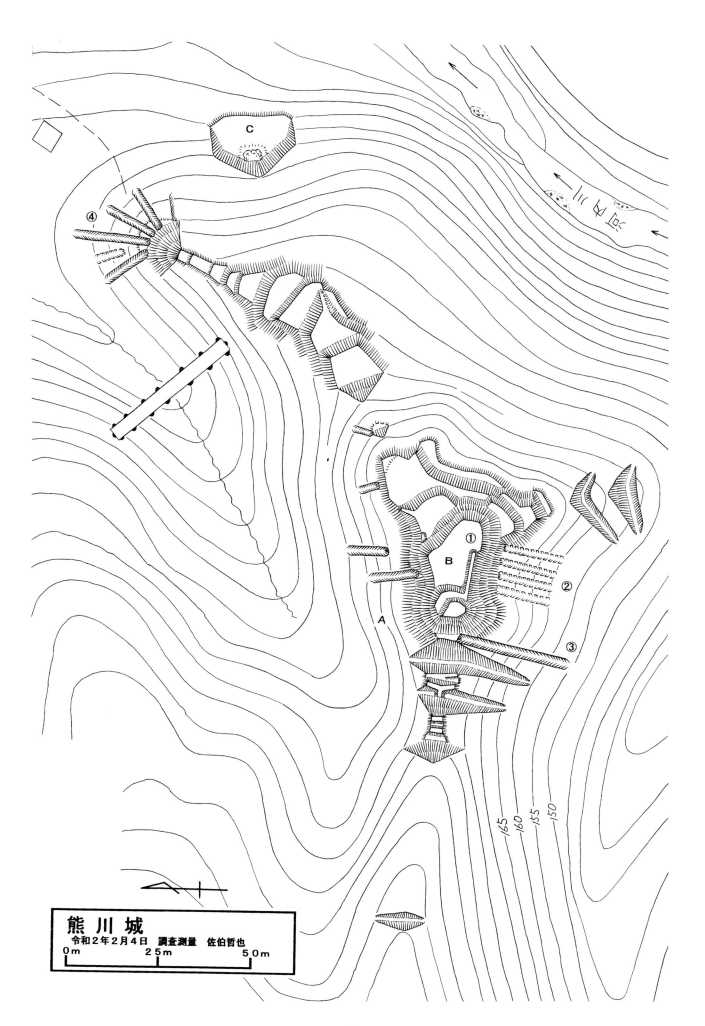

熊 川 城
令和2年2月4日　調査測量　佐伯哲也
0m　　　　25m　　　　50m

コーヒーブレイク

戦国時代のお化粧事情

　女性が美を競うのは、戦国時代も同じである。館跡を発掘すると驚くほど多種多様の化粧道具が出土する。ここでは庶民にいたるまで生活様式が判明している越前一乗谷遺跡を例にとり、戦国時代の化粧事情を見てみる。

　一乗谷で最も多く出土している化粧道具は、櫛である。素木のものや漆塗りのものなど様々である。シャンプーなど無かった当時、櫛で髪を梳くことで汚れを取っており、櫛払いもセットになって出土している。

　簪(かんざし)も多く出土しているが、多くは飾りが少ない単純なものである。ロングヘアーだった当時の女性は、洗顔や食事のとき、邪魔になる髪を押さえつけるクリップのように使用したという。

　毛抜きは男女ともに必需品で、眉毛を抜くために用いた。当時の化粧の重要ポイントは眉で、白粉で白く塗った上に、いかに美しく眉墨で眉を描くか、ここに細心の注意を払っている。毛抜きで眉毛を抜くなんて、ちょっと痛そうだが、少しでも美しく見せようと、ガマンしていたのだろう。

　紅皿も多数出土している。紅花を粉末処理したものを、紅皿で水にとき、筆で唇に塗った。鏡は直径5〜7cmの銅製円鏡で、コンパクトな鏡である。柄がついていないことから携行用だったと考えられる。どこへ行くときでも持ち歩き、ヒマさえあれば化粧を直していたのであろうか。

　筆者がドンビキしたのは、お歯黒道具である。男女とも黒く染めたが、特に結婚後の女性は必ず染めている。戦国期の女性を描いた絵図を見ても、歯を黒く染めたものが多い。歯が黒いとちょっと不気味な感じがする。

　お歯黒は、鉄錆と五倍子粉（ふしのこ）を合わせてつくる。あるイベントでお歯黒体験コーナーがあり、さすがに筆者は塗らなかったが、ちょっと舐めてみた。予想していたことだが、原料が鉄錆なので、錆臭くてたまらなかった。よくもまあ、こんなものを口の中に入れていたものだと感心したことを覚えている。結婚後の女性がお歯黒をしたのは、妊娠・出産によって鉄分が不足したためであろうか。健康サプリメントなど無い当時にとって、必要不可欠の化粧だったのかもしれない。

　世の中の男性は、女性がニッと笑った時、歯が真っ黒だったらドンビキするに決まっている。真っ白な歯が良いと思うのは筆者だけではあるまい。

Ⅱ．城館関連遺構

該当城郭無し

Ⅲ．城館候補遺構

45. 宮代砦 (みやしろとりで)

①美浜町宮代庄　②－　③戦国期？　④戦国期？　⑤戦国期？　⑥？　⑦山城
⑧削平地・切岸　⑨330m × 30m　⑩標高252m、比高210 m　⑪1

　　『みはまの城』(若狭国吉城歴史資料館 2014) では「宮代砦　様相：山城　時代：戦国　現況：山林」と記載されている。宮代砦は若越城の会が発見されたものである。若越城の会の地元に密着した地道かつ着実な研究活動には、心から敬意を表したい。残念ながら解散されてしまったが、早期の復帰を心から希望する。

　　さて、宮代集落の背後に位置し、比高も２１０ｍと手頃で、在地領主の城としては矛盾の無い選地といえる。縄張りで目立つのは、斜面に設けた切岸と平坦面である。本来ならば最高所のＡを削平して曲輪を設けなければならないのだが、何故かほとんど自然地形で、一段下がった斜面に切岸と削平地を設けている。この傾向はＢ・Ｃも同じである。特にＣなどは、尾根上に曲輪 (削平地) を設ける十分なスペースがあるにもかかわらず、それを無視 (放棄) して、一段下がった斜面に平坦面を設けている。尾根頂部に削平地を設けず、斜面に平坦面を設けるのは、城郭遺構として、かなり異質といわなければならない。

　　細尾根頂部を無視して、斜面に平坦面を設けるのは、耕作地の特徴である。頂部に耕作地を設ければ、風雨によって種や耕作土が流失してしまう。斜面に平坦面を設ければ、このリスクは軽減され、逆に上部からの腐食土の流入が期待できる。現存の平坦面は、耕作地の可能性が高い。

　　ただし、一点だけ城としての要素を持つ。それは竪堀①である。これが尾根遮断を目的として設けているのなら、それは城郭の可能性を持つ。しかし不明瞭な遺構であり、さらに全体としての遮断施設がほぼ皆無であり、確定は難しいため、候補遺構とさせていただきたい。

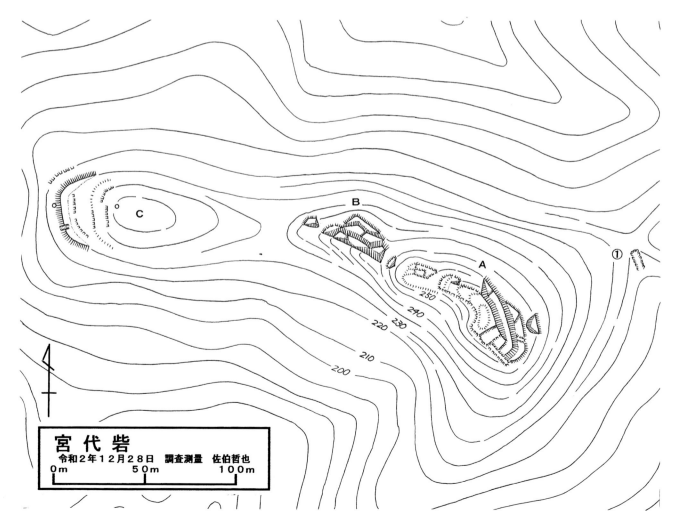

宮代砦
令和２年１２月２８日　調査測量　佐伯哲也
0m　　　　50m　　　　100m

46. 粟 屋 勝 久 塁 （あわやかつひさるい）

①美浜町早瀬　②早瀬城・飯盛山砦　③戦国期？　④戦国期？　⑤戦国期？　⑥粟屋勝久
⑦山城　⑧削平地・切岸　⑨60m×30m　⑩標高100m、比高90m　⑪3

　　粟屋勝久塁については諸説紛々としており、場所も特定できていない。本遺構は『福井県遺跡地図』に記載されている位置で、確認できた遺構を記載した。『郡県志』には「早瀬浦飯盛山粟屋勝久構へる所の塁の址有り」と、粟屋勝久（勝長）が築いた城としている。

　　飯盛山山頂には、六社権現の奥社として小祠があるのみで、城郭遺構は存在しない。飯盛山山頂から約５０ｍ下った北側の尾根続きに本遺構が存在する。これは『福井県遺跡地図』に記載してある位置である。

　　縄張図にあるように、単純に平坦面があるのみで、城郭らしい要素は備えていない。それにこの平坦面は海岸に向けて開いており、早瀬集落や早瀬浦の港は全く見えない。在地領主の城郭としては極めて異質といえる。もっとも『福井県遺跡地図』では、早瀬台場の遺構とラップしているとしている。海岸線に向けて開いた平坦面は、台場の遺構と解釈すべきであろう。つまり、ここにも城郭遺構は存在していないのである。台場構築（恐らく江戸末期）に城郭遺構は破壊されたのであろうか。

　　このように『福井県遺跡地図』に示した位置にも城郭遺構は存在していないことが判明した。筆者は岳山一帯も調査したが、遺構は確認できなかった。遺構は既に破壊されたのか、また別の場所に存在するのか、そして粟屋勝久塁と早瀬城は同一なのか、今後の課題としたい。

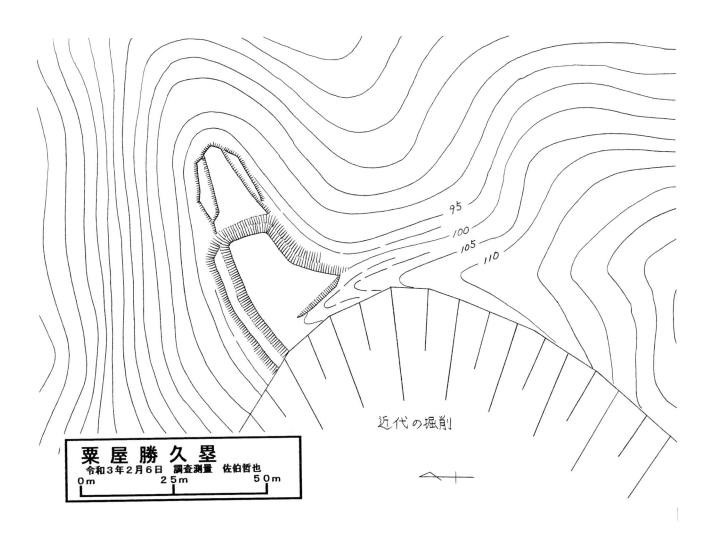

近代の堀削

粟 屋 勝 久 塁
令和3年2月6日　調査測量　佐伯哲也
0m　　　25m　　　50m

47. 愛宕山砦 （あたごやまとりで）

①若狭町東黒田　②－　③戦国期？　④戦国期？　⑤戦国期？　⑥熊谷氏？　⑦山城
⑧削平地・切岸・堀切・土塁・竪堀　⑨80m×30m　⑩標高125m　比高100m　⑪5

　『福井県遺跡地図』によれば「種別：城跡　時代：中世　現況：山林」とある。大森宏氏が『本国の若狭』の中で「黒田と田上の間に延びる枝峰山上にも砦がある」と述べるのは、愛宕山砦のことであろう。広義の意味で大森氏は愛宕山砦は大倉見城の一部と捉えられており、とすれば城主も熊谷氏ということになろう。
　最高所に平坦面Aがあり、東側に削り残しの土塁通路を設ける。下に両竪堀②を置くが、竪堀間が6mもあり、遮断効果は低くなっている。さらにその下に堀切①を置く。こちらは遮断効果は期待できるが、両竪堀②から30mも離れてしまっている。①と②の間にはなだらかな尾根で、ここに平坦面Aを置けば、遮断効果が十分期待できる城となるのだが、何故かそうしていない。
　以上述べたように、城郭としては不自然な点が残る。しかし明瞭な遮断施設を設けていることから、候補遺構とさせていただいた。

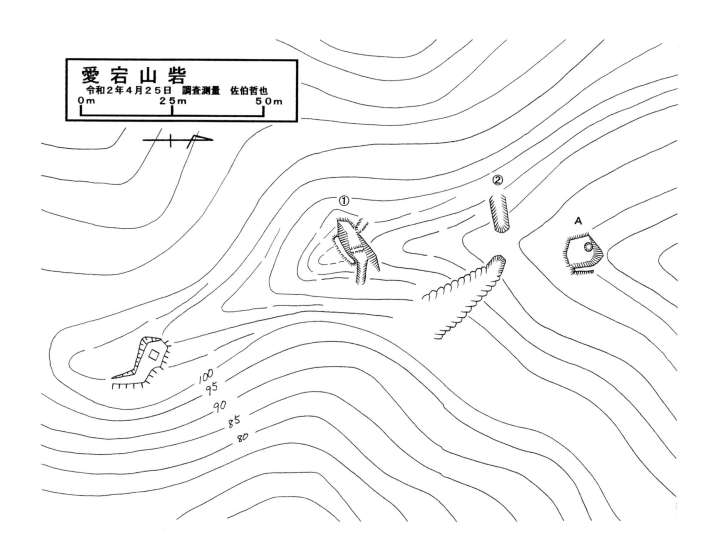

48. 霧ヶ峰出城（きりがみねでじろ）

①若狭町大鳥羽　②－　③戦国期？　④戦国期？　⑤戦国期？　⑥鳥羽氏　⑦山城？
⑧堀切　⑨20m×10m　⑩標高346.7m　比高300m　⑪7

　『福井県遺跡地図』によれば霧ヶ峰城（標高389.3m）と霧ヶ峰出城（標高346.7m）の両方を記載し、いずれも「種別：城跡　時代：中世　現況：山林」と記載する。霧ヶ峰城は全くの自然地形だが、出城の方は若干の平坦面が存在するため、ここに記載する。

　『郡県志』によれば、鳥羽庄七ヶ村を領す鳥羽右衛門の末裔の孫左衛門が築城したと記述している。この孫左衛門は箱ヶ岳城主内藤佐渡守と戦って滅ぼされたと記述しており、それが事実なら１６世紀の築城となるる。

　大森宏氏は『若狭の中世城館』の中で出城について「この城は城郭としての機能をまったく備えておらず、砦あるいは見張所といった程度」「山頂の小さな平坦地を若干削平して簡単な見張台を設置したという感じだ」と述べておられ、他の記述からも出城を本城としていたことは明らかである。なお『福井県の中・近世城館跡』（福井県 1987）も出城を本城として記載する。一方霧ヶ峰城について大森氏は、山頂に1000㎡の平場があり、城の遺構がないかどうか調べてみたいと述べられるに留まる。

　大森氏の記述通り、尾根の先端に平坦面を二段設けたのみの城郭で、これではとても城郭とは断定できない。ただし、大鳥羽集落を見下ろす尾根の突端に選地し、しかもこれほどの高地でありながら、きれいに削平された平坦面で、とても耕作地とは思われない。山岳宗教施設の跡の可能性も残る。伝承及び古記録が残り、出城にのみ平坦面が確認できるため、若干の可能性を残すため、候補遺構とさせていただいた。

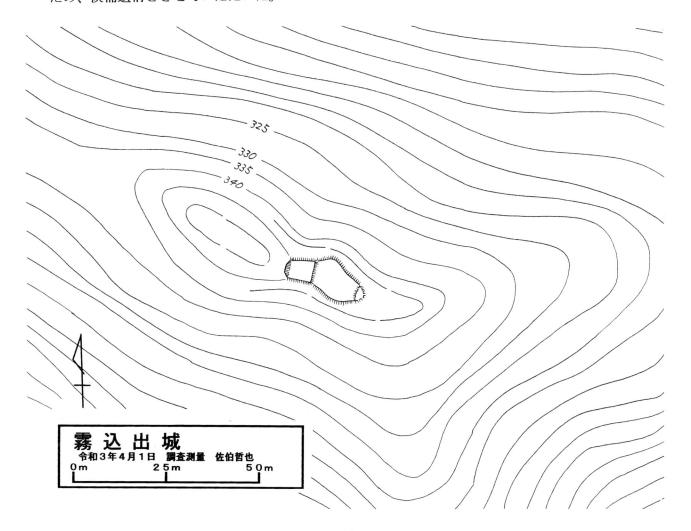

霧込出城
令和3年4月1日　調査測量　佐伯哲也
0m　　　　　25m　　　　　50m

49. 野木山砦 （のぎやまとりで）

①若狭町中野木　②－　③戦国期？　④戦国期？　⑤戦国期？　⑥一色氏？　⑦山城？
⑧削平地・切岸・堀切？　⑨ 130m × 150m　⑩標高 70 m　比高 60 m　⑪ 9

　　大森宏氏は『戦国の若狭』で、応安３年(1370)国一揆に備えて、守護方一色氏の城郭と説明し
ている。城跡は、丹後街道と宮川谷の道が交差する尾根の先端に位置する交通の要衝である。二
股に分かれた尾根の先端には、平坦面Ａがあり、背後を堀切①で遮断する。『戦国の若狭』に記
載された図には、堀切①の北端を二重竪堀としているが、筆者は崩落の跡と判断し、記載しなか
った。堀切①は、城外側の切岸は明瞭だが、城内側は不明瞭となっており、ほとんど段差が無く、
遮断効果は半減している。これでは城郭としての堀切とは言えない。区画を意識した溝と見なし
た方が良さそうである。
　　平坦面Ａは１８m×２１mの大型の平坦面。よく削平された平坦面で、出入り口と思われる②
が存在する。集落に臨んだ尾根の突端という選地、集落との比高が僅か３０mということを考え
れば、祭祀遺跡を推定させる。野木山砦は野木山の麓に位置するが、大森氏は『戦国の若狭』の
中で野木山について「若狭有数の神体山と位置づけされている」と述べており、その可能性は高
いと言えよう。Ｂの東側に大森宏氏は『戦国の若狭』記載図で二重竪堀を描いているが、筆者は
崩落の跡と判断し、記載しなかった。Ｂの性格は不明。墳丘がほとんど流出してしまった古墳な
のであろうか。そして中央の窪みは盗掘痕であろうか。
　　以上のように野木山砦は祭祀遺跡の可能性が高い。ただし、堀切①をどう解釈するかで城郭遺
構の可能性も出てくるので、候補遺構とした。祭祀遺跡・山岳寺院は山城とラップすることが多
い。今後どのようにして両者を見分けていくのか、重要な課題と言えよう。

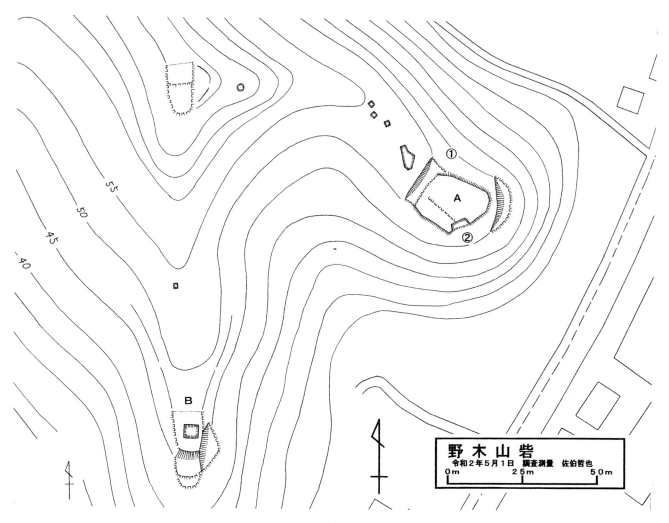

野木山砦
令和２年５月１日　調査測量　佐伯哲也
0m　　　　　25m　　　　　50m

50. 市 場 城 (いちばじょう)

①若狭町市場　②－　③戦国期？　④戦国期？　⑤戦国期？　⑥？　⑦山城？　⑧堀切・土塁
⑨180m × 10m　⑩標高280 m　比高230 m　⑪10

　　古記録・伝承は残らず、『福井県遺跡地図』にも記載されていない。市場集落を見下ろす尾根
上にあり、かつては集落から千石山への登山道も通っていたようである。①は幅6m、長さ17
m、深さ3mの堀切。小規模だが、遮断施設としては十分で、城郭施設として良い。しかし山頂
は全くの自然地形で、方形の土塁囲み②があるのみ。低い方形の土塁囲みは、中に小祠が存在し
ていたケースが多い。②の中にも小祠が安置してあったのであろうか。この仮説が正しければ、
堀切①は宗教施設としての結界の可能性も出てくる。
　　全く理解不能なのが、③である。形としては円墳なのだが、山頂から下った場所にあり、さら
に③から集落を見下ろすことはできない。従って円墳の可能性は低い。中央の窪みは、円墳と思
い込み、盗掘した跡なのであろうか。
　　以上、市場城の概要を述べた。堀切は残るものの、とても城郭とは断定できない。候補遺構と
させていただいた。

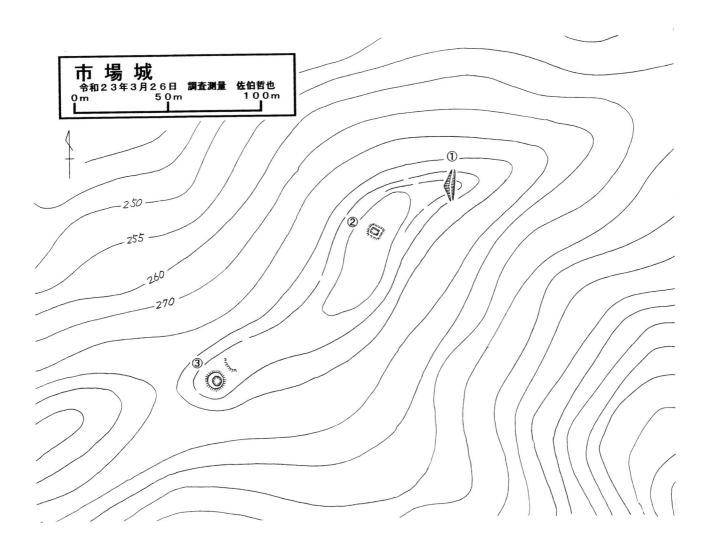

市 場 城
令和23年3月26日　調査測量　佐伯哲也
0m　　　50m　　　100m

51. 天徳寺城背後の堀切 （てんとくじじょうはいごのほりきり）

①若狭町天徳寺 ②－ ③戦国期？ ④戦国期？ ⑤戦国期？ ⑥？ ⑦山城？ ⑧堀切
⑨25m×4m ⑩標高470m 比高420m ⑪10

　　古記録・伝承は残らず、『福井県遺跡地図』にも記載されていない。天徳寺城と千石山を繋ぐ
尾根に残る。天徳寺城背後としたが、天徳寺城と1kmも離れているため、天徳寺城との直接の因
果関係は無さそうである。
　　遺構は、中央に土橋を設けた両竪堀である。これだけを見れば、城郭としての両竪堀だが、そ
の前後に平坦面や城郭遺構は全く見られず、ポツンと両竪堀があるのみである。
　　はたしてこれが城郭遺構なのか、それとも別の遺構なのか。別の遺構ならばどのような性格（境
界線・結界等々）なのか、筆者にもわからない。今後の研究材料として、位置及び略側図を添付
しておく。

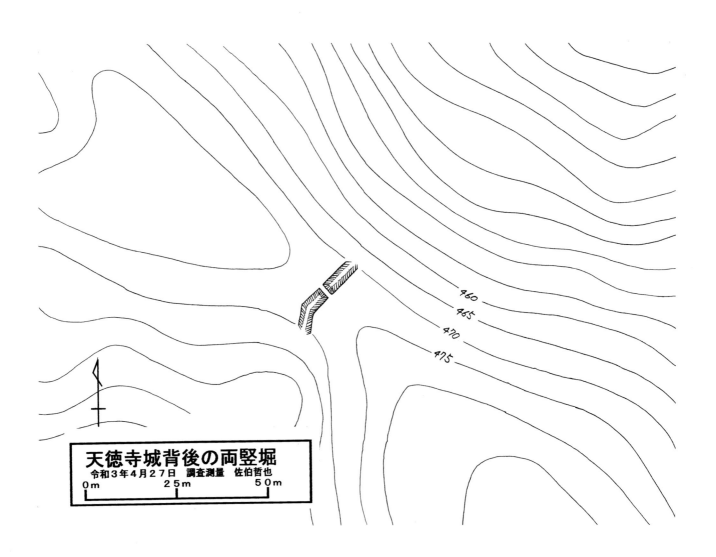

天徳寺城背後の両竪堀
令和3年4月27日　調査測量　佐伯哲也
0m　　　　25m　　　　50m

52. 沼田氏新道出城 （ぬまたししんどうでじろ）

①若狭町天徳寺　②－　③戦国期？　④戦国期？　⑤戦国期？　⑥沼田氏？　⑦山城？　⑧堀切
⑨ 10m × 15m　⑩標高 332 m　比高 240 m　⑪ 11

　『郡県志』には「沼田氏出城跡　上中郡新道村後之山上に在り。伝言。沼田主計出城之跡也」
と、新道集落背後の山上に、沼田氏の出城があったとことを記載する。これについて大森宏氏も
『戦国の若狭』の中で、「さらに未確認ながら、北側右岸の新道集落背後の山にも堀切があって
城の存在を伺わせており、この地区に三つの城（熊川城・沼田氏熊川出城・沼田氏新道出城）が
存在したことを示す」と、沼田氏新道出城について述べておられる。
　大森氏が述べておられるように、尾根続きを遮断する堀切は存在する。現在車道造成のため半
壊状態となっているが、車道北側にも存在したのであろう。しかし、肝心の山頂部は、広大な範
囲に耕作地としての段が残っているものの、城郭遺構は残っていない。耕作地の段は明瞭に残っ
ていることから、昭和末期まで耕作されていたのであろう。城郭遺構は耕作によって破壊された
のであろうか。
　『郡県志』に記載されていることから、ここに城郭が存在していた可能性は高い。今後は発掘
等による考古学的調査により、城郭の存在を確認することが課題となろう。

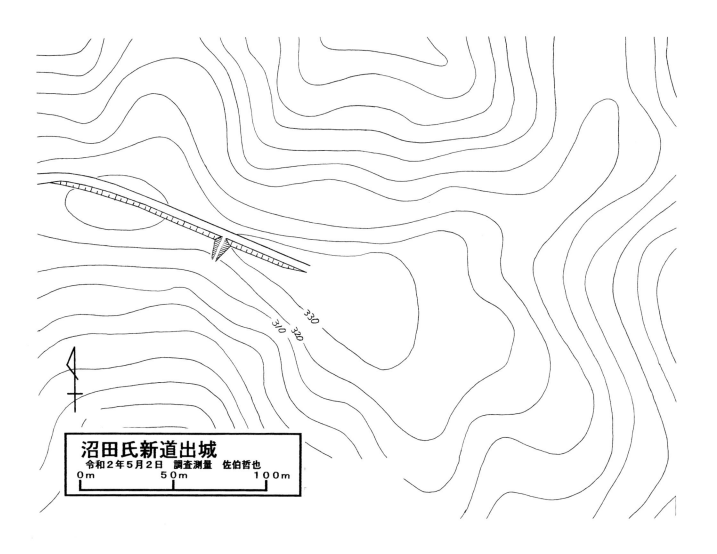

沼田氏新道出城
令和2年5月2日　調査測量　佐伯哲也
0m　　　50m　　　100m

コーヒーブレイク

戦国時代の贈答品

　今から五百年前の戦国時代、七尾城（石川県）で京風文化を営んでいた能登守護畠山氏は、京都の室町将軍家や公家達と交流を重ね、多額の金品や贈答品を贈っている。その見返りとして、連歌の添削等を依頼した。

　贈答品の中に、海国能登ならではの海産物を多く贈っていることが、三条西実隆の日記『実隆公記』に詳細に記録されている。それは現代の中元・歳暮と全く変わらず、非常に興味深いものがある。今一度、畠山氏が贈った海産物の贈答品を見てみよう。

　七尾城から京までの道程は約十日間とされており、長期保存ができるものに限定される。従って塩漬けにされたブリ・タラ・シャケ・タイ・ハモが贈られている。シャケは現在も「荒巻シャケ」の名で、歳暮品として扱われている。種類は不明だが、酢で〆た魚も贈られたようである。その中にはサバも交じっており、まさにシメサバとして贈られたのである。

　海苔や藻づく・クラゲも贈られ、海苔などは朝食に欠かせない一品だったことであろう。クラゲが戦国期から食べられていたとは驚きである。

　特に多く贈られたのは、コノワタ（ナマコの塩辛）・セワタ（シャケの塩辛）・ウルカ（アユの塩辛）といった酒の肴である。現在も高級珍味として重宝されている。実隆はコノワタが大好物だったらしく、年に6回も贈ってもらっている年がある。享禄4年(1532)の時などは、日記に「余酔終日散々」と終日コノワタを肴に酒を飲み続け、泥酔したと書いている。大喜びしながら痛飲している実隆の様子が見えるようである。

　この他、アメフラシやスナメリも贈っている。アメフラシはナマコと同じように調理したのであろうか。戦国期の富山湾にイルカがいたことが判明している。スナメリではなく、イルカだったのかもしれない。

　海産物ではないが、輪島素麺を贈っている。輪島素麺は現在も地元の名産で、五百年前から名産だったことが判明して面白い。どのように入手したのであろうか、虎皮や天狗爪（サメの歯）やタツノオトシゴまで贈っている。

　以上が主な贈答品である。なんのことはない、現代とほぼ同じ贈答品であり、コノワタなどは酒の肴として、五百年前から不動の位置にあったのである。戦国期も現代も、ノンベエの好みは変わらないと言えよう。

Ⅳ．城館類似遺構

53. 天王山西砦 (てんのうざんにしとりで)

①美浜町木野　②－　③－　④－　⑤－　⑥－　⑦－　⑧平坦面・切岸　⑨110m × 20m
⑩標高91 m　比高80 m　⑪2

『みはまの城』（若狭国吉城歴史資料館 2014）には「天王山西砦跡　様相：山城　時代：戦国　現況：山林」とある。

　縄張図でもわかるように、山頂部はほぼ自然地形で、曲輪を構築した形跡は見当たらない。弱点となる背後の尾根続きを遮断した形跡も無い。①の竪穴は猪穴と考えられ、城郭遺構ではない。目立つのは、南側の尾根続きに設けられた平坦面である。切岸は上部の平坦面を防御しているような配置にはなっておらず、従って平坦面を構築した時に必然的に発生した切岸と考えられ、防御を目的とした切岸ではないと考えられる。確かにBのように竪堀状や竪穴状の遺構も見られるが、これは道跡・猪穴と考えられる。

　このように天王山西砦に防御施設は存在しない。これは山城としては致命傷である。一方、幅広尾根の斜面には、平坦面5面を設けている。この特徴は山中での耕作地に一致する。山麓に丹後街道が通る交通の要衝だが、防御施設を持っていないため、山城とするわけにはいかない。現存する平坦面は耕作地と考え、類似遺構としたい。

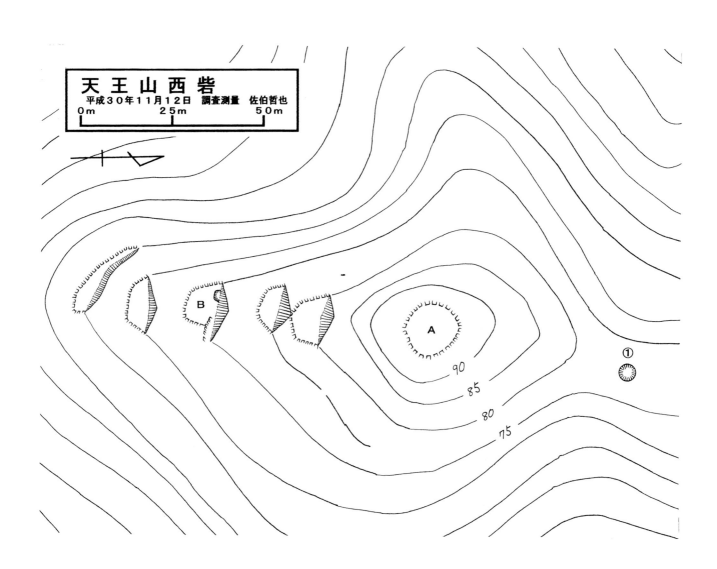

54. 天 王 山 砦 (てんのうざんとりで)

①美浜町和田　②－　③－　④－　⑤－　⑥－　⑦－　⑧切岸・堀切？　⑨310m × 30m
⑩標高150 m　比高140 m　⑪2

　『福井県遺跡地図』には「種別：城跡　時代：中世　現況：山林」と記載する。伝承・古記録
は残っていない。

　山麓の神社を通って天王山山頂へ登る登山道沿いに位置する。天王山山頂にも神社があるため、
登山道は登拝道でもあったらしい。

　縄張図でもわかるように、目立つのは尾根頂部に位置する古墳であり、顕著な城郭遺構は確認
できない。最上部の①は、城郭としての堀切の可能性を１００％排除しないが、幅２m、深さ１
m程度の溝であり、防御遺構の可能性は薄い。境界線の可能性を指摘したい。最下段の平坦面②
は、防御遺構を伴っておらず、城郭としての平坦面の可能性は低い。山麓に小祠が建っているの
で、ここにも小祠が建っていた可能性を指摘することができる。

　以上述べたように、天王山砦に城郭遺構は存在しない。古墳あるいは宗教遺跡と見るべきであ
ろう。

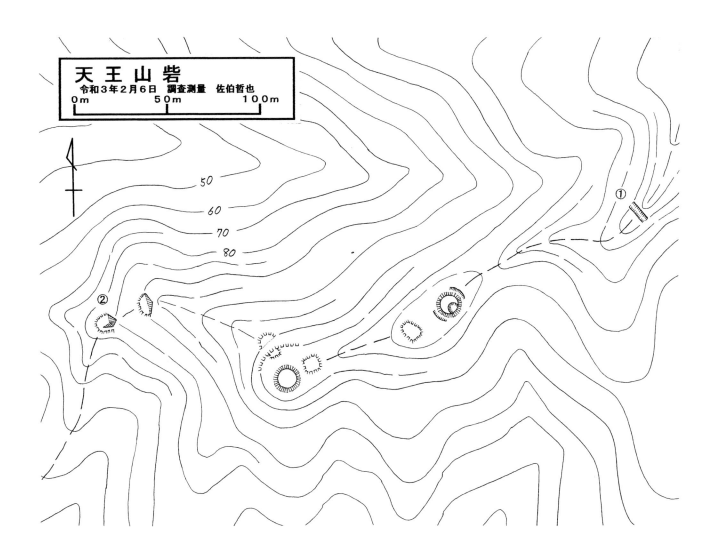

天 王 山 砦
令和3年2月6日　調査測量　佐伯哲也
0m　　　　50m　　　　100m

コーヒーブレイク

最高のもてなしは風呂？

　ほんの一部の上流階級者を除いては、戦国時代の移動手段は、ほぼ徒歩である。一日も歩けば汗と埃にまみれていたことであろう。雨降りでの移動となれば、ビショビショのグチャグチャとなり、最悪のコンディションとなる。

　こんな状況だから、旅人にとって一日の終わりに風呂に入って汗を流し、疲れをいやすのは至福の一時だったに違いない。しかし当時の風呂は非常に珍しく、領主の居館や寺院などにしか存在しなかった。このため戦国時代の旅人の多くは、風呂について特記している。

　風呂使用の一例を記す。京都から越後に下向する歌人・冷泉為広は延徳3年（1491）新川郡守護代椎名氏の居館（魚津市　後の魚津城）で宿泊する。日記の中で「風呂アリ」と特記していることから存在そのものが珍しく、旅塵にまみれた為広にとって、とてもありがたい存在だったのであろう。

　室町時代の禅僧・万里集九は延徳元年（1489）越中から飛騨に入り、安国寺（高山市）で宿泊し、風呂のもてなしを受けている。集九は日記に「行旅の楽しみ、浴場にしくは無し。満身の塵垢、泥裳を脱す」と記述する。久々に風呂を使ったのであろう、垢まみれ・泥まみれの状態から脱出し、至福の一時を過ごしたことを述べている。やはり旅人にとって風呂は最高の癒しの場だったのである。

　このときの風呂とはどのような施設だったのか。大量の湯を沸かす技術が無い当時にとって、今のような大浴場などとんでもないことで、多くは蒸し風呂、すなわちサウナのような施設だった。『慕帰絵』という絵巻物に描かれた風呂は、大釜で湯を焚き、その湯気を浴室に送っている。つまりサウナだったのである。一乗谷朝倉氏遺跡で発掘された風呂もこのタイプだったと考えられる。集九も為広もサウナに入ったのであろうか。

　江戸時代に入ると、大名屋敷に設けられた風呂は、浴槽に湯を張り、一般的な施設となる。湯加減について身分の関係上、お殿様がじかに湯番に命令することはできず、まず御家老に伝えられ、そして湯番に伝えられた。従ってお殿様が自由自在に温度調節することはできなかったのである。とても寒かったと不満を漏らすお殿様もいた。お殿様にとって風呂は、必ずしも癒しの場ではなかったようである。

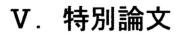

Ⅴ．特別論文

中山の付城と周辺の陣城群について

佐伯哲也

1. はじめに

　福井県美浜町に存在する中山の付城と周辺の陣城群（駈倉山城・狩倉山城・岩出山砦）は、『若州三方郡国吉籠城記』（多くの写本があり、書名も多数あるが、以降『国吉籠城記』で統一する）に登場するため、古くから存在は知られていた。

　『国吉籠城記』によれば、永禄6年(1563)粟屋勝久（実名は勝長だが、便宜上拙稿では勝久とする）が籠城する国吉城の攻略に失敗した朝倉軍は、翌永禄7年芳春寺山に付城（中山の付城）を築いたとしている。つまり『国吉籠城記』の記述が正しければ、中山の付城の構築者は朝倉氏で、構築年代は永禄7年ということになる。この他、『国吉籠城記』に登場する狩倉山城・駈倉山城も永禄9年の朝倉氏築城とされてきた。

　築城者・築城年代について異論を唱える者は存在しない。問題の所在は、現存遺構の構築年代・構築者が誰なのかである。現存遺構があまりにも素晴らしいため、永禄年間の朝倉氏では早すぎる、というものである。天正11年(1583)賤ヶ嶽合戦にあたり、前年の天正10年頃羽柴方の勢力（丹羽方の勢力）によって改修されたのではないか、という研究成果も存在するのである。つまり「朝倉氏」と「羽柴方」の両説が存在することになった。

　諸説紛々としており、両説のどちらが正しいのか、結末は判然としていない。暫くは両説が併存することになると思う。筆者も一人の城郭研究者としての考え方を持っている。勿論筆者の考え方は万人を納得させられるものではなく、論争に終止符を打てるとは毛頭思っていない。ここでは両説の研究に一石を投じる結果になればと思い、筆者の考えを述べるものである。

2. 国吉城攻防戦の概略

　ここでは『国吉籠城記』が述べる国吉城攻防戦を中心に概略を述べる。なお、『国吉籠城記』の信憑性について、文献史学の方から異論が出ており、これについては研究史の項で述べさせてもらう。

　永禄6年(1563)9月、粟屋勝久を征伐するため勝久が籠城する国吉城を朝倉軍が攻めるが、粟屋軍の激しい抵抗にあい、朝倉軍は成す術も無く退却する。

　永禄7年(1564)再度国吉城を攻撃した朝倉軍は、またも粟屋軍の激しい抵抗にあい退却する。この後、朝倉軍は中山の付城を築城する。

　永禄8年(1565)9月、中山の付城に陣取る朝倉軍を粟屋軍が攻撃。不意を突かれた朝倉軍はまたもや退却。『国吉籠城記』では中山の付城は廃城になったとしているが、『朝倉始末記』では天正元年(1573)朝倉軍が築城したとしている。

　永禄9年(1566)8月、朝倉軍は佐田駈倉山に付城を築く。これが駈倉山城・狩倉山城とされている。朝倉軍の進攻を知った粟屋軍別働隊は岩出山砦に立て籠もったとしている。つまり岩出山砦は、永禄9年以前に粟屋氏が築城したことになる。このときも朝倉軍は国吉城を攻めるが、粟屋軍の反撃にあって退却する。

　永禄10年(1567)8月、佐田駈倉山城に陣取る朝倉軍は、周辺の集落に狼藉を働くが、国吉城は攻めなかった。

　永禄11年(1568)4月、若狭に進攻した朝倉軍は国吉城を無視して通過し、小浜後瀬山城に向かう。粟屋軍は国吉城で傍観し、朝倉軍の進攻を許してしまう。小浜進攻に成功した朝倉軍は後瀬山城主武田元明を拉致し、越前に連行してしまう。

　以上が『国吉籠城記』が述べる国吉城攻防戦の概略である。すなわち永禄6年から11年まで

毎年若狭に進攻し、国吉城を３度攻めていることになる。永禄１１年を除いては、全て敗退という朝倉軍の惨敗で終わっている。

その後の中山の付城と周辺の陣城群について、『国吉籠城記』では記載していない。しかし『信長公記』では、天正元年(1573)８月越前若狭に進攻した織田軍が攻め落とした朝倉方城の中に「若州粟屋越中所へさし向ひ候付城」を記載している。つまり中山の付城かどうか特定はできないものの、国吉城攻めの朝倉軍陣城が天正元年の段階で存在していたのが判明する。従って『朝倉始末記』の天正元年中山の付城築城説は、傾聴すべきものがある。

いずれにせよ、天正元年朝倉氏滅亡により中山の付城と周辺の陣城群の存在価値は無くなり、ほどなく廃城になったのであろう。

３．研究史

ここでは代表的なものだけを述べる。中山の付城の優れた縄張り、特に土塁囲みの曲輪・虎口が当時の織田政権城郭よりも優れ、中山の付城の築城を永禄７年(1564)、築城者を朝倉氏としたのが村田修三氏である(1)。村田氏の先見性、優れた観察力に心から敬服する次第である。村田氏は朝倉氏の築城技術の高さを近年「織豊系城郭から近世城郭へ」で再確認しておられる(2)。同稿によれば「織豊系の喰い違い虎口とく比べれば、(中山の付城の虎口は)喰い違い度はわずかで導入度のカーブに依存している」と未熟度も指摘しておき、「「虎口革命」が織田より先に朝倉によって試みられていた」と朝倉氏の築城技術を評価する。従って村田氏は中山の付城の現存遺構は、朝倉氏が構築したとする立場である。

中井均氏も朝倉説を採用する。中井氏の全国的視野に立ち、特に考古学の成果を用いる研究手法は、万人を納得さる手法と筆者は心服する次第である。中井氏は「中山の付城も朝倉氏の城であることがよくわかります」(3)と述べる。近年中井氏はこの考えを再確認しておられる。すなわち長比城（滋賀県米原市）と対比し、両城に「分厚い土塁がめぐり」・「虎口は喰い違い虎口」が存在し、この二つが朝倉氏城郭の特徴の一つと述べた(4)。

地元の研究者である中内雅憲氏も朝倉説の立場を採る。中内氏の早くから縄張図を採用し、地元に密着した研究姿勢は、筆者も多く学びたいと思っている。中内氏は朝倉氏付城の特徴として、土塁囲みの曲輪、折れの設定、喰い違い虎口を設け、築城技術の高さを評価する(5)。

高田徹氏も朝倉氏築城術の高さを評価する。高田氏の縄張図の正確さ、そこから読み取る洞察力の鋭さには心から敬服する次第である。高田氏は中山の付城・駈倉山城を永禄６年～天正元年に朝倉氏が築城したとして、両城について「主郭部を土塁囲みとし、外枡形状の虎口を備える共通性を有していた」とする。そして中山の付城について「虎口・導線を計画的に配置しており、朝倉氏による築城術の高さがそこに現れている。当該期の朝倉氏は織田氏に遜色ない築城術を持っていた」と高く評価する。ただし「同時期に朝倉氏は、別のバリエーションの城郭も築いていたのも事実である。」とも述べる(6)。すなわち全ての朝倉氏城郭が、中山の付城と同様の縄張りを持っていたわけではなく、単純に遺構の有無だけで区別するべきではないと述べる。さらに高田氏は近著(7)で、中山の付城や駈倉山城を朝倉氏の城郭とし、２城と共通の遺構を持つ堂谷山城も朝倉氏の築城と推定しておられる。

筆者も朝倉説を採用し、特に中山の付城について塁線土塁の設置、土塁で構築された明確な虎口に着目した(8)。虎口は若干折れて入るが、ほぼストレートに入るもので、この点、元亀元年(1570)実質的に朝倉氏が築城した長比城（滋賀県）より劣るため、中山の付城の築城を永禄年間とした。他の狩倉山城・駈倉山城・岩出山砦も永禄～元亀年間朝倉氏の築城としたが、その目的は国吉城攻めの付城とともに、朝倉氏近江進出を可能にするための、国吉城の押さえにも使用されたことを述べた。

一方、羽柴方説を採用するのが高橋成計氏である。高橋氏の全国的視野に立った縄張り研究には心から敬服する次第である。高橋氏の中山の付城と周辺の陣城群（駈倉山城・狩倉山城・岩出山砦）に関する論文(9)を要約すると、駈倉山城と岩出山砦は羽柴方（丹羽方）が柴田勝家の上洛を阻止するために天正１０～１１年ころに築城したとする。中山の付城は織田方の改修の可能性を示しつつも、一向一揆が加担したのならば、「朝倉氏の築城した遺構の可能性がある」とも

述べる。朝倉氏の可能性を示した根拠の一つに「虎口構造のチグハグな部分」としておられる。筆者にはこの「チグハグ」の意味が今一つ理解できないが、未発達だと解釈するのであろうか。狩倉山城については永禄年間朝倉氏の築城としておられる。

　大野康弘氏も羽柴方説を採用する。大野氏の着実な発掘調査と観点の鋭さには心から敬意を表したい。大野氏は朝倉氏の築城は認めるが、中山の付城・駈倉山城・岩出山砦の現存遺構は天正１０年頃羽柴方（丹羽方）によって改修された可能性が高いとする。大野氏の根拠は、虎口の開口方向や防御施設の設置位置・丹後街道の重要視、といった分野に重点が置かれていると思われる(10)。大野氏も狩倉山城の現存遺構を朝倉氏の構築とする。

　文献史学の方からも新説が出ている。河村昭一氏は『国吉籠城記』の若狭侵攻年次に疑念を抱き、新説を発表した(11)。河村氏は永禄年間の朝倉氏若狭侵攻について、わずかに可能性が残る永禄９年と確実な１１年以外は、史実として認め難いと述べておられる。そして元亀２・４年に朝倉氏は国吉城を攻めているが、この合戦について『国吉籠城記』は全く触れていないと河村氏は述べる。河村氏の研究の着実さ・鋭さに心から敬服する次第であり、筆者もこの説を全面的に受け入れたい。

　以上が、中山の付城と周辺の陣城群（駈倉山城・狩倉山城・岩出山砦）に関する研究史である。以降、この研究史を踏まえながら筆者の考えを述べてみたい。

４．中山の付城と周辺の陣城群の概要
（１）中山の付城
　各城の詳細については、本編に記載しているので、ここでは要点のみを述べる。若狭と越前を繋ぐ重要街道・丹後街道と主郭との距離は僅か600ｍしかなく、丹後街道を強く意識した選地となっている。

　中山の付城で注目したいのは、主郭Aの塁線土塁と虎口である（図1）。主郭虎口は①・②・③が存在し、①・②はいずれもほぼ方形の櫓台を設ける。①・②は主郭Aの東西に設け、ほぼ一直線に並ぶため、計画性を認めることができる。従って同一人物による同一時代の構築として良い。土塁を設けて横矢を効かし、櫓台まで設けて防御力を増強しているのに、②はほぼストレートに入り、①もわずかに屈曲させているにとどまる。つまり、枡形虎口になりきっていないのである。この未熟さについては村田氏も指摘しておられる。

　この虎口形態を考えるのに、重要なヒントを与えてくれるのが長比城（滋賀県、図2）である。長比城は 2020 ～ 2021 年に発掘調査が実施され、遺構が一期しか存在しないことが確認された(12)。つまり『信長公記』が述べる元亀元年(1570)の築城期の遺構と判断したのである。もっとも『信長公記』は、越前衆を呼んで浅井氏が築城したとしている。長比城は朝倉氏が元亀3年(1572)に築城した福寿丸・山崎丸と多くの共通点を持っているため、実質的に朝倉軍の築城として良いであろう。

　長比城も塁線土塁を巡らせ、虎口に櫓台を設ける。特に西城東虎口①はその傾向が強い。中山の付城との共通点を見出すことができる。ここで注目したいのは、完全に屈曲させて入る枡形虎口に変化している点である。他の虎口も屈曲させて入る構造となっている。つまり虎口に関して言えば、中山の付城の虎口は長比城よりも劣ると言え、構築年代が元亀元年より古いということが容易に推定されるのである。形態は古いものの、中井氏が述べるように長比城と中山の付城には共通点が認められ、基本的には『国吉籠城記』が述べるように中山の付城は朝倉氏の築城として良い。

　筆者は河村氏の説に従い、朝倉軍が若狭に侵攻したのは、永禄９(1566)・１１(1568)年の２回と推定する。ただし、築城目的は、単純に国吉城攻めのみとするのは早計だとも考えている。特に永禄１１年はそうで、後瀬山城へ遠征した朝倉軍は、敵味方どちらともつかない不穏勢力（恐らく敵）である粟屋氏を、国吉城に押し込めておく必要がある。そうでなければ粟屋氏に丹後街道を封鎖され、朝倉軍は小浜で孤立し、全滅してしまう恐れがある。粟屋氏の逆襲に備えるために中山の付城を築き粟屋氏を国吉城に押し込め、そして丹後街道を確保するために中山の付城を築いた可能性も十分考えられよう。

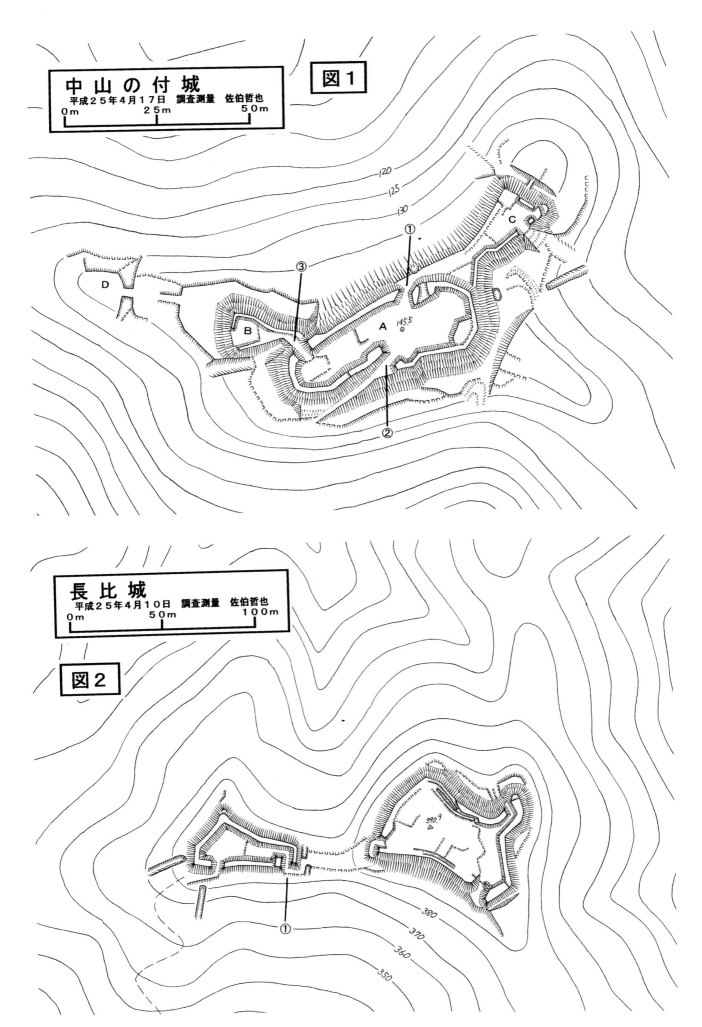

図1

中山の付城
平成25年4月17日　調査測量　佐伯哲也
0m　　　　25m　　　　50m

図2

長比城
平成25年4月10日　調査測量　佐伯哲也
0m　　　　50m　　　　100m

さらに元亀年間に近江への遠征を繰り返す朝倉氏にとって、敦賀は極めて重要な根拠地だったことは疑う余地は無い。その敦賀を背後から粟屋氏に攻め込まれないようにするためにも、中山の付城を維持することが必要だったと考えられる。従って永禄9・11年のどちらかに築城した中山の付城は、その後も放棄されることなく、朝倉氏が滅亡する天正元年(1570)まで使用されたのではなかろうか。『信長公記』が述べる「若州粟屋越中所へさし向ひ候付城」とは、それを示しているのではなかろうか。
　次の疑問として、現存遺構に改修痕は見られるかということである。前述の通り主郭Aに改修痕は認められない。また、主郭AとB・C曲輪は土塁で繋がっており、主郭AとB・C曲輪との間にかつて堀切が存在していた形跡も見いだせない。従って主郭A・B・C曲輪は当初から現在の形をしており、改修を加えられず廃城されたと見て良い。
　唯一改修痕が認められるとしたら、D曲輪であろう。D曲輪の未完成さ、B曲輪と連結していないことを考えれば、主郭A・B・C曲輪完成後、防御力を増強するためにD曲輪を増築し、完成前に放棄してしまったという仮説が成り立つ。このD曲輪増設が、『国吉籠城記』が記す天正元年の築城なのかもしれない。
　ここでチェックしておかなければならない点がある。それは在地勢力、すなわち粟屋氏の築城の可能性である。粟屋氏が国吉城の防御力を増強するために中山の付城を築城した可能性も当然残っている。『国吉籠城記』の記述内容とは違ってしまうが、一応検討すべき価値はある。
　粟屋氏の築城として、土井山砦・山上田ノ上城・粟屋勝久塁（以下、本編縄張図を参照）がある。土井山砦は半壊状態にあるが、それでも塁線土塁や土塁で構築した虎口は用いず、尾根続きを堀切で遮断した縄張りだったことを推定させる。これは山上田ノ上城も同前である。粟屋勝久塁に至っては、平坦面しか残されていない。このような有様では、とても中山の付城を粟屋氏が構築したとは考えられない。やはり朝倉氏が構築したとするべきであろう。
　羽柴方（丹羽方）説である天正10年築城（あるいは大改修）とする根拠として、天正10年(1582)10月丹羽長秀が同年10月21日付書状（「山庄家文書」『戦国の若狭』）で、粟屋勝長・熊谷直之・山県秀政等に「其地普請」を雨が降っても続行するように命じており、「其地」が中山の付城等を示しているという考え方もある。残念ながら不明とせざるをえない。勝家との軍事的緊張が高まって、若狭衆に城の普請を命じているのだから、各々の居城の普請（改修）と考えるのが一番自然であろう。当然越前・若狭国境の軍事的緊張も高まり、国境に近い中山の付城も、このとき改修されたとする仮説も成立する。しかし、国境とは全く無関係の熊谷直之・山県秀政にも命じていることから、その可能性は低いと言わざるを得ない。やはり不測の事態に備えて居城の改修を命じたと考えるのが最も妥当ではなかろうか。従って国吉城はこのとき改修された可能性は残る。
　さらに羽柴方説の根拠として、直近の天正11年に行われた賤ヶ嶽合戦城塞群の構造と共通しているという根拠がある。確かに塁線に土塁を巡らし、土塁で虎口を明確化している点は共通している。しかし、この程度の縄張りなら、前述のように元亀元年時点で朝倉氏が保有しており、賤ヶ嶽合戦城塞群だけとの共通点とはいえない。逆にパーツを詳細検討すると、賤ヶ嶽合戦城塞群と共通していない点が存在することに気づく。
　第一に主郭虎口において、土塁を喰い違い状にしておきながら、ストレートあるいはわずかに屈曲させた虎口は、賤ヶ嶽合戦城塞群には存在しない。第二に明確な櫓台（他と比較して太い土塁は除く）を持つ虎口も賤ヶ嶽合戦城塞群にはほぼ存在しない。詳細に比較検討すれば、中山の付城と賤ヶ嶽合戦城塞群の縄張りは、共通していない点が存在するのである。
　たしかに賤ヶ嶽合戦城塞群の田上山城（図3）の主郭には、櫓台を持つ虎口が存在する（図3〇印）。しかし田上山城は、『信長公記』等によって天正元年(1570)朝倉義景の本陣として存在していたことが判明しており、高田氏の研究により天正11年頃羽柴方によって改修されていることが指摘されている(13)。従って櫓台を持つ虎口は、朝倉氏時代の可能性を十分含んでいるのである。
　このように中山の付城の縄張りは、賤ヶ嶽合戦城塞群と必ずしも一致しない。従って縄張り的には、天正10年頃羽柴方によって築城（あるいは大改修）したとは言い難いのである。
　一つの可能性として示しておきたいのが、天正11年3月25日前田利家書状（『新修七尾市

史』）である。同書状で利家は、「惟五郎左（丹羽長秀）、敦賀群内へ被働候、武助（武藤康秀）・柴田三左（柴田勝政）・金吾（金五なら金森長近）掛合、足軽合戦にて首五六十程討捕候、是又仕合能候、其儘若州江被討入候」とあり、丹羽軍が敦賀郡に攻め込んで柴田軍と合戦になったが、柴田軍が勝利し、そのまま柴田軍は若狭に侵攻したと記述する。従ってこの時に柴田方が使用した可能性も捨てきれない。しかし、それは使用だけであって、築城はあくまでも永禄９・１１年のどちらかとしておきたい。

（２）駈倉山城

　山麓には丹後街道が通っているが、主郭との距離は 1.3 ㎞もあり、他の３城と比較すると丹後街道とは離れた選地となっている。これに対して４城の中で唯一尾根伝いに越前に退去できる地形になっている。

　『国吉籠城記』によれば、永禄９年(1566)８月、朝倉軍は佐田駈倉山に付城を築くと記述する。これが駈倉山城・狩倉山城とされている。なお、駈倉山の付城は古くから狩倉山城のこととされていたと考えられ、明治４４年(1911)作成の『三方郡誌』では既に狩倉山城としている。

　駈倉山城（図４）は、塁線土塁を巡らせ、部分的だが横堀も巡らす。虎口に方形の櫓台を備え、その虎口①は若干屈曲するだけで、枡形虎口にまで発達していない。これは中山の付城と共通事項である。虎口②は織豊系城郭に類例を見出すことは出来ず、むしろ朝倉氏城郭・狩倉山城の虎口と考え方が近いことを本論で述べた。曲輪の全周に巡らす塁線土塁、虎口に設けた櫓台等、中山の付城と共通の縄張りを多く示す。従って駈倉山城は朝倉氏の築城として良い。また全体の縄張りはうまくまとまっており、自然地形が残るなど短期間の使用と考えられるため、新旧の遺構は認められず、全体の縄張り（160 m離れた防御ラインは除く。防御ラインについては本編縄張図参照）は朝倉氏の構築として良い。虎口①が長比城の虎口より発達していないので、元亀元年(1570)以前に朝倉氏が築城したと推定できよう。

　防御ラインの扱いは難しいが、賤ヶ嶽合戦城塞群の田上山城（図３）の防御ラインには外枡形虎口が付属しており、単純な喰い違い虎口の防御ラインとは、技術的な進歩の差を認めることができるため、防御ラインも朝倉氏構築とするのが妥当であろう。

　全体の縄張りを見ると、北側の尾根続きに防御ラインを設けて若狭側を警戒するとともに、虎口①を開口して出撃も可能とする。さらに越前に続く東側の尾根に虎口②を開口させ、越前への出入り（撤退）を可能とするとともに、越前への撤退も可能とする。塁線土塁も若狭側をより分厚くして、若狭側からの攻撃に備えている。主郭Aは若干未整形部分も残るが、50 m×70 mの巨大な平坦面で、大人数の城兵を駐屯させることができる。

　このような縄張りからは、越前側の勢力が若狭進出のための臨時的な拠点として築城したと推定することが、仮説の範疇ならば許されるであろう。それは朝倉氏と考えて良かろう。つまり中山の付城は、国吉城攻めの付城に特化した城郭、駈倉山城は、若狭進出の臨時的な拠点として築城されたと推定することができる。それは国吉城攻めを含めた若狭進出の拠点と考えたい。

　ただし、進出の拠点として築城されたのであれば、築城期を永禄９(1566)・１１(1568)年の２回に絞り込む必要性もなくなる。現段階においては、永禄年間と幅広く考える必要があろう。そして中山の付城と同様で、築城後も使用され続け、天正元年の落城をもって廃城になったのではなかろうか。

（３）狩倉山城

　丹後街道と主郭との距離は僅か200 mしかなく、丹後街道を強く意識した選地となっている。羽柴方説を主張する研究者も、朝倉氏の築城を推定するのが狩倉山城である（図５）。その根拠の一つとなっているのが、周囲を完周する横堀（一部二重）の存在である。そもそも狩倉山城には、中山の付城・駈倉山城の特徴である塁線土塁や土塁で構築された虎口が全く存在しない。さらに狩倉山城の特徴の一つである周囲を完周する横堀（一部二重）が、中山の付城・駈倉山城に存在しない。つまり縄張り的な特徴は一致しないのである。

　このように中山の付城・駈倉山城と狩倉山城は、異なった縄張りになっていることに気づく。しかし、狩倉山城の縄張りが、朝倉氏本来の縄張りと考えられるのである。若狭の中世城郭で、

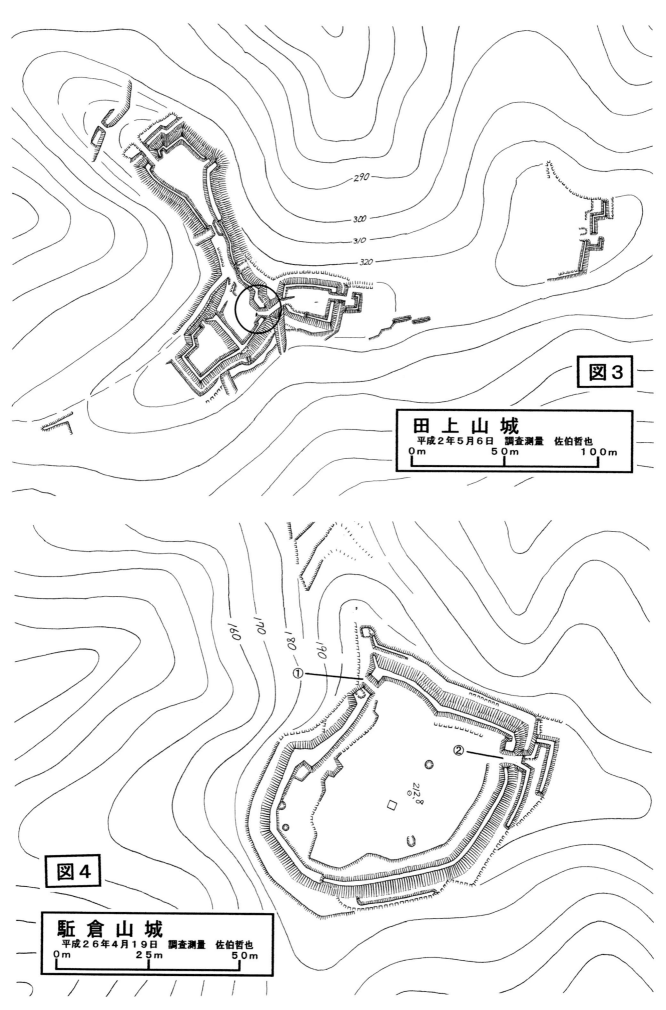

図3

田上山城
平成2年5月6日　調査測量　佐伯哲也
0m　　　　　50m　　　　　100m

図4

駈倉山城
平成26年4月19日　調査測量　佐伯哲也
0m　　　　25m　　　　50m

横堀を完周させる城郭は存在しないが、越前では、上野山城（あわら市 14）や天目山城（福井市 15）で確認でき、比較的古くから越前国内で用いられてきたと考えられる。さらに筆者が注目したいのが、狩倉山城のB曲輪と、B曲輪に付属する土塁通路①である。

　狩倉山城B曲輪は馬出曲輪で、城外から②地点に入り（恐らく木橋が掛かっていたと推定される）、土塁通路①を通ってB曲輪に入ったと考えられる。そしてB曲輪から主郭Aに入ったと考えられる。敵軍は土塁通路①を通過するとき、主郭Aから長時間横矢攻撃を受けることになり、極めて効果的な縄張りとなっている。

　筆者は土塁通路を付属させた馬出曲輪を、朝倉氏城郭の特徴と位置付け、過去に論文を発表した(16)。詳細は論文を参照されたいが、構築年代は、同じく土塁通路を付属させた馬出曲輪を持つ西光寺丸城（南越前町）が一つの目安となる。西光寺丸城は天正3年(1575)まで使用されていることが判明している。西光寺丸城は横堀と塁線土塁を用いた防御ラインを構築しており、狩倉山城よりも発達した縄張りを示す。従って狩倉山城の縄張りはそれ以前、永禄〜元亀年間と推定した。さらに朝倉氏は元亀年間に築城した城のほとんどに、塁線土塁や土塁で構築された虎口を設けているので、永禄年間の可能性が高い。

　朝倉氏は永禄年間に国吉城攻めだけでなく、それ以前からも若狭に進攻している。永禄4年(1561)は守護武田氏の要請で、逸見氏討伐のため一万一千の大軍を率いて進攻している。このとき、朝倉氏が狩倉山城を築城したという記録は存在しない。しかし、一万一千の大軍を率いるなら、若狭・越前国境付近に拠点となる陣城一つぐらい築城しても不思議ではあるまい。それが狩倉山城とは考えるのは、仮説の範疇では許されるであろう。

　勿論縄張り研究でそこまで限定できるとは考えていない。筆者が述べたいのは、元亀年間に土塁固めの城郭に変化する朝倉氏も、永禄年間では横堀・塁線土塁の両方の城郭を築いていることに着目してほしい。つまり朝倉氏にとって永禄年間は変化の過渡期（あるいは暗中模索の状態）で、両タイプの城郭を築いていたのである。

　狩倉山城も 50 m × 60 mの巨大な平坦面を持ち、大人数の城兵を駐屯させることができる。若狭に進出する朝倉軍にとって生命線とも言うべき丹後街道が、山麓直下に走っている。つまり若狭進出の拠点として絶好の位置と、評価することができる。しかし築城期が永禄4年なのか、永禄9年なのか、縄張り研究で断定することはできない。現段階においてその両方を含む、若狭制圧を目指す朝倉氏が進出の拠点、あるいは国境固めとして永禄年間に築城したと考えたい。

（4）岩出山砦

　丹後街道と主郭との距離は僅か400 mしかなく、丹後街道を強く意識した選地となっている。『国吉籠城記』によれば、永禄9年(1566)朝倉氏侵攻にあたり、粟屋勝長の息子五右衛門勝家以下二百人余りが岩出山砦に籠城したとしている。つまり永禄9年には粟屋方の城郭（国吉城の出城）として存在していたことになる。前項のように永禄9年説はわずかな可能性が残されているため、籠城そのものについては、筆者は否定するものではない。

　ただし、粟屋氏築城と推定される土井山砦・山上田ノ上城・粟屋勝久塁の縄張りは、岩出山城と全く違っているため、現存遺構の構築者は粟屋氏とは考えられない。

　岩出山砦（図6）も曲輪の周囲に塁線土塁を巡らせ、土塁で虎口を明確化させている縄張りは、中山の付城・駈倉山城と共通している。違うのは、虎口①は外枡形虎口となり、完全に屈曲しなければ主郭Aに入れなくなっている点である。さらに②地点を張り出させ、虎口に殺到する敵軍に対して横矢を効かしており、明らかに中山の付城・駈倉山城より進化した虎口となっている点である。この②地点を張り出させたタイプの虎口は、元亀元年(1570)実質的に朝倉氏によって築城された上平寺城（滋賀県　図7〇印）や、元亀年間朝倉氏使用の中島砦（滋賀県　図8〇印）にも見られる。従って、少なくとも主郭Aと塁線土塁・虎口①は元亀年間朝倉氏によって構築されたと考えて良い。

　ここで考えなければならないのは、現存遺構が全て元亀年間朝倉氏の構築と考えて良いのか、という点である。北東尾根には、平坦面が階段状に構築されている（本編縄張図参照）。これが何時・誰の構築なのか判然としないが、粟屋氏段階の遺構としても問題は無い。

　筆者が注目したいのは、主郭AとB曲輪に残る土塁の違いである。主郭Aの土塁は太くて高い。

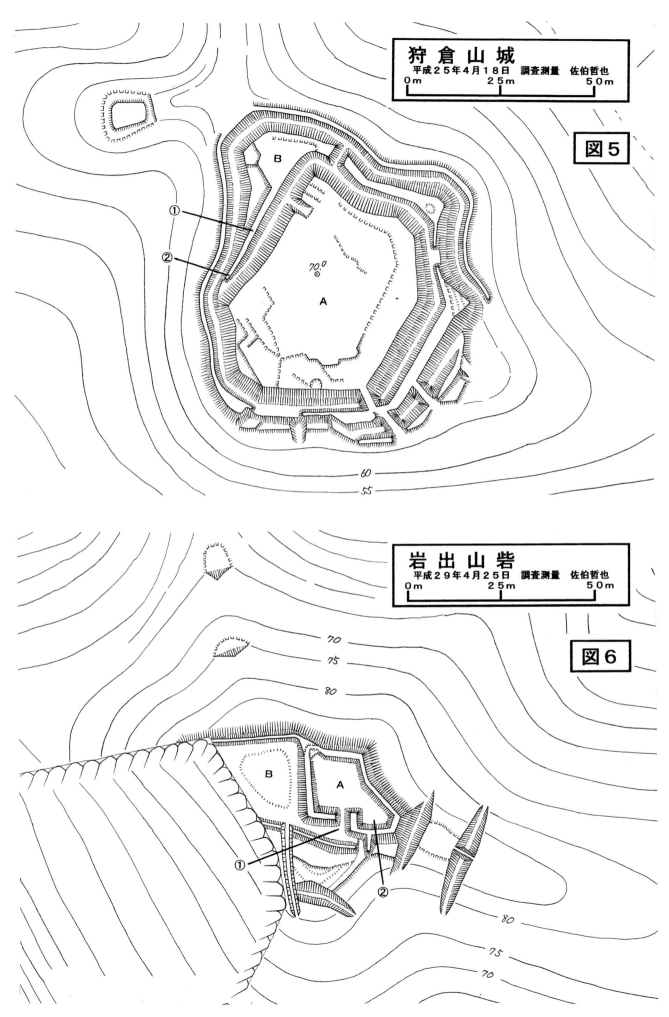

狩倉山城
平成25年4月18日　調査測量　佐伯哲也
0m　　　25m　　　50m

図5

岩出山砦
平成29年4月25日　調査測量　佐伯哲也
0m　　　25m　　　50m

図6

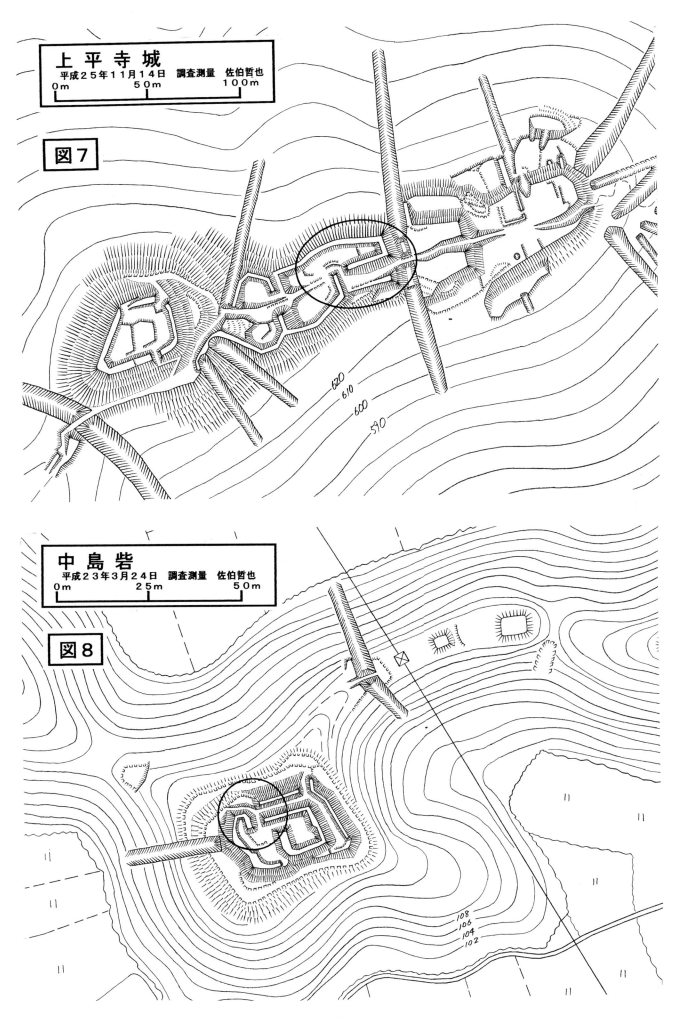

上平寺城
平成25年11月14日　調査測量　佐伯哲也
0m　　　50m　　　100m

図7

620
610
600
590

中島砦
平成23年3月24日　調査測量　佐伯哲也
0m　　　25m　　　50m

図8

108
106
104
102

逆にB曲輪は細くて低い。主郭と従郭の違いと言えばそれまでだが、最初にB曲輪が存在し、後に改修したのが主郭Aということが言えないだろうか。B曲輪には自然地形が残っているのに対して、主郭Aはきれいに削平されているのは、後に改修されたことを物語っている。

　上記仮説が成立するなら、全て筋が通る。すなわち最初に国吉城の支城として存在していた岩出山砦を朝倉氏が奪取する。そしてB曲輪のような低土塁を巡らせる。このとき主郭Aは存在せず、全てB曲輪の単郭として存在する。岩出山砦と国吉城との距離は僅か 1.3 ㎞しか離れておらず、このような至近距離の岩出山砦を朝倉氏に奪取されてしまえば、粟屋氏は国吉城に籠城せざるを得ず、その結果、永禄11年国吉城山麓を通過する朝倉軍を、粟屋氏は国吉城で傍観するしかなかった。そして元亀年間に小浜の所領維持をより強固なものにするために、朝倉氏が主郭Aを改修した、というものである。

　上記の説も仮説の範疇とさせていただきたい。しかし岩出山砦現存遺構は、中山の付城・駈倉山城より進化していることは事実であり、朝倉氏が永禄年間だけでなく、元亀年間においても国吉城周辺で陣城を築城（あるいは改修）していることは事実である。

5．考　察
　以上述べてきた4城をまとめると下記のとおりとなる。
（1）中山の付城
①丹後街道と主郭との距離は僅か 600 ｍしかなく、丹後街道を強く意識した選地となっている。
②中山の付城と駈倉山城の縄張りは共通点が多い。
③永禄9（1566）・11（1568）年のどちらかに朝倉氏が国吉城攻めの付城として朝倉氏が築城。
④北端の曲輪に改修痕が認められる。
⑤天正元年(1570)まで使用され、廃城になったと考えられる。
⑥天正11年(1583)頃柴田軍の使用も考えられる。
⑦虎口構造に賤ヶ嶽合戦城塞群との相違点が認められる。
⑧虎口構造に長比城との共通点が認められる。

（2）駈倉山城
①丹後街道と主郭との距離は 1.3 ㎞も離れている。これに対して唯一尾根伝いに越前に退去できる地形となっている。
②中山の付城と駈倉山城の縄張りは共通点が多い。
③永禄年間若狭進出の拠点として朝倉氏が築城。
④朝倉氏城郭虎口の特徴が認められる。
⑤天正元年(1570)まで使用され、廃城になったと考えられる。
⑥天正11年(1583)頃柴田軍の使用も考えられる。
⑦多数の城兵が収容できる広大な平坦面が残る。
⑧虎口構造に賤ヶ嶽合戦城塞群との相違点が認められる。
⑨虎口構造に長比城との共通点が認められる。

（3）狩倉山城
①丹後街道と主郭との距離は僅か 200 ｍしかなく、丹後街道を強く意識した選地となっている。
②中山の付城・駈倉山城の縄張りとの共通点は無く、越前本国の朝倉氏城郭との共通点が認められる。
③永禄年間若狭進出の拠点として朝倉氏が築城。
④天正元年(1570)まで使用され、廃城になったと考えられる。
⑤天正11年(1583)頃柴田軍の使用も考えられる。
⑥多数の城兵が収容できる広大な平坦面が残る。
⑦虎口構造に朝倉氏城郭の特徴が認められる。

（4）岩出山砦

①丹後街道と主郭との距離は僅か400mしかなく、丹後街道を強く意識した選地となっている。

②中山の付城・駈倉山城の縄張りとの共通点は多く、さらに発達した縄張りとなっている。

③国吉城の支城として永禄年間粟屋氏が築城し、元亀年間年間朝倉氏が改修。

④天正元年(1570)まで使用され、廃城になったと考えられる。

⑤天正１１年(1583)頃柴田軍の使用も考えられる。

⑥虎口構造に上平寺城・中島砦との共通点が認められる。

先ず注目したいのが、中山の付城と駈倉山城との共通点は多く、ほぼ同年代（永禄年間）に朝倉氏によって築城されたと考えられる。朝倉氏はまず駈倉山城を築城して国境線を固め、粟屋領内に進攻して中山の付城を築城したのである。仮に粟屋氏の逆襲により中山の付城の出撃部隊は全滅しても、駈倉山城の朝倉本隊は安全に越前に退却できたわけである。

狩倉山城も永禄年間朝倉氏の築城と考えられる。しかし中山の付城・駈倉山城との共通点は無い。永禄9年以前における朝倉氏の若狭進出の拠点の可能性も有り得る。

岩出山砦は国吉城の支城として粟屋氏が築城し、後に朝倉氏に奪取され、元亀年間朝倉氏によって改修された可能性が高い。岩出山砦と国吉城との距離は僅か1.3㎞しか離れておらず、このような至近距離の岩出山砦を朝倉氏に奪取されてしまえば、粟屋氏は国吉城に籠城せざるを得ず、その結果、永禄１１年国吉城山麓を通過する朝倉軍を、粟屋氏は国吉城で傍観するしかなかったのであろう。

羽柴方説の根拠とされている点として、天正１１年賤ヶ嶽合戦城塞群との共通点である。確かに共通点もあるが、虎口構造については相違点も認められる。これに対して朝倉氏が元亀年間に築城した陣城の方が多くの共通点を指摘することができる。やはり基本的な縄張りは、永禄～元亀年間にかけて朝倉氏が構築したものと理解できよう。もっとも天正１１年羽柴方と柴田方の間で越前・若狭国境で小競り合いが発生しているので、このとき使用（恐らく柴田方）された可能性は残る。

もう一つ指摘したいのは、永禄１１年以降朝倉氏が小浜周辺を押さえていることである。武田元明越前連行後、恐らく後瀬山城は朝倉氏の管理下に置かれ、城代等が在城していたのであろう。河村氏の研究（『若狭武田氏』）によれば、元亀元年～3年にかけて小浜周辺が朝倉氏の支配下にあったことが知られている。朝倉氏が小浜の支配を維持できたのは、中山の付城等4城が国境城郭として若狭・越前の国境を押さえていたからではなかろうか。

記録は残らないものの、後瀬山城後方の押さえとして大塩城（小浜市）、さらに丹後街道の中継基地として堂谷山城（若狭町）を朝倉氏が改修することにより、越前からの流通を確保し、その結果、小浜周辺の支配を維持できたと筆者は推定する。堂谷山城の朝倉氏築城の可能性については、高田氏も論文（7）で言及しておられる。

さらに注目したいのは、元亀年間において朝倉氏が毎年のように近江に出兵していることである。朝倉氏は1万～2万の大軍を近江に出兵しており、越前国内の守備兵は手薄になっていたはずである。それでも近江に出兵できたのは、中山の付城等4城が国境城郭として若狭・越前の国境を押さえていたからと筆者は推定する。

６．まとめ

以上、長々と述べてきたが、筆者の推論をまとめると下記のようになる。

①中山の付城・狩倉山城・駈倉山城は永禄年間に朝倉氏が築城、岩出山砦は元亀年間に朝倉氏が改修したと推定。断定はできないが、中山の付城は永禄9(1566)・１１(1568)年のどちらか、駈倉山城は永禄年間に築城された可能性を指摘できる。狩倉山城は永禄9年以前の可能性も指摘できるが、やはり断定は難しい。

②狭義の意味で中山の付城・岩出山砦の築城（改修）目的は、国吉城攻めの付城、狩倉山城・駈倉山城の築城目的は国境固め・若狭進出の拠点だったと考えられる。広義の意味で4城全てが国境固め・若狭進出の拠点だったと考えられる。

③朝倉氏は永禄年間のみならず、元亀年間も改修していた箇所が認められる。

④4城は、小浜周辺の支配を維持するため、あるいは近江出兵を可能にするための国境城郭としても存在していた。

⑤基本的な縄張りは朝倉氏時代の構築と考えられる。賤ヶ嶽合戦における利用も否定しないが、使用したのみに止まり、天正元年朝倉氏滅亡とともに廃城になったと考えられる。

　以上が筆者の考えである。推論に推論を重ねた論文であることは否めず、空中分解をする可能性を孕む。文献史学・考古学研究の立場からも、多くの批判をいただきたいと思う。

　最後になりましたが、多くの先学達の玉論を使用させていただいた。村田氏・中井氏・中内氏・高田氏・高橋氏・大野氏・河村氏・米原市教育委員会に厚く御礼申し上げる次第である。

註

（1）村田修三「湖北の城館」『滋賀県中世城郭分布調査六（旧坂田郡の城）』（滋賀県教育委員会他 1989）

（2）村田修三「織豊系城郭から近世城郭へ」『織豊系城郭とは何か　－その成果と課題－』（城郭談話会 2017）

（3）中井均「国吉城を学ぶ　～若狭の城と国吉城～」『佐柿国吉城今昔物語　～ 450 年の時を超えて～』（福井県美浜町教育委員会 2001）

（4）中井均『戦国期城館と西国』（高志書院 2021）

（5）中内雅憲「越前朝倉氏の国吉城に対する陣城に関する一考察」『敦賀市立博物館紀要十三』（敦賀市立博物館 1998）

（6）高田徹「越前朝倉氏築城術の一考察　－若狭国吉城付城を中心として－」『中世城郭研究第27号』（中世城郭研究会 2013）

（7）高田徹「堂谷山城」『北陸の名城を歩く　福井編』（吉川弘文館 2022）

（8）佐伯哲也『朝倉氏の城郭と合戦』（戎光祥出版 2021）

（9）高橋成計「若狭東部の関門に展開する城郭の構造と意義」『北陸の中世城郭第9号』北陸城郭研究会 1999、高橋成計「柴田勝家の上洛阻止を目的とした城郭について」『北陸の中世城郭第12号』北陸城郭研究会 2002、高橋成計「若狭と越前国境周辺の城郭について」『中世城郭研究第14号』中世城郭研究会 2000、高橋成計「越前朝倉氏の築城技術の疑問点－越前国と他国築城縄張りの相違点について－」『中世城郭研究第30号』中世城郭研究会 2016）。

（10）大野康弘「中山の付城」「駈倉山城」「狩倉山城」「岩出山砦」『北陸の名城を歩く　福井編』（吉川弘文館 2022）

（11）河村昭一「『国吉籠城記』における朝倉軍の侵攻年次について」『若越郷土研究第65巻2号』（福井県郷土誌懇談会 2021）

（12）米原市教育委員会『長比城跡・須川山砦跡総合調査報告書』（2022）

（13）高田徹「賤ヶ岳城塞群の評価に関する一考察」『賤ヶ岳合戦関連城郭報告書』（長浜市教育委員会 2004）

（14）佐伯哲也「上野山城」『越前中世城郭図面集Ⅰ　越前北部編』（桂書房 2019）

（15）佐伯哲也「天目山城」『越前中世城郭図面集Ⅱ　越前中部編』（桂書房 2020）

（16）佐伯哲也「朝倉氏城郭の馬出について」『越前中世城郭図面集Ⅰ　越前北部編』（桂書房 2019）

VI. 位置図

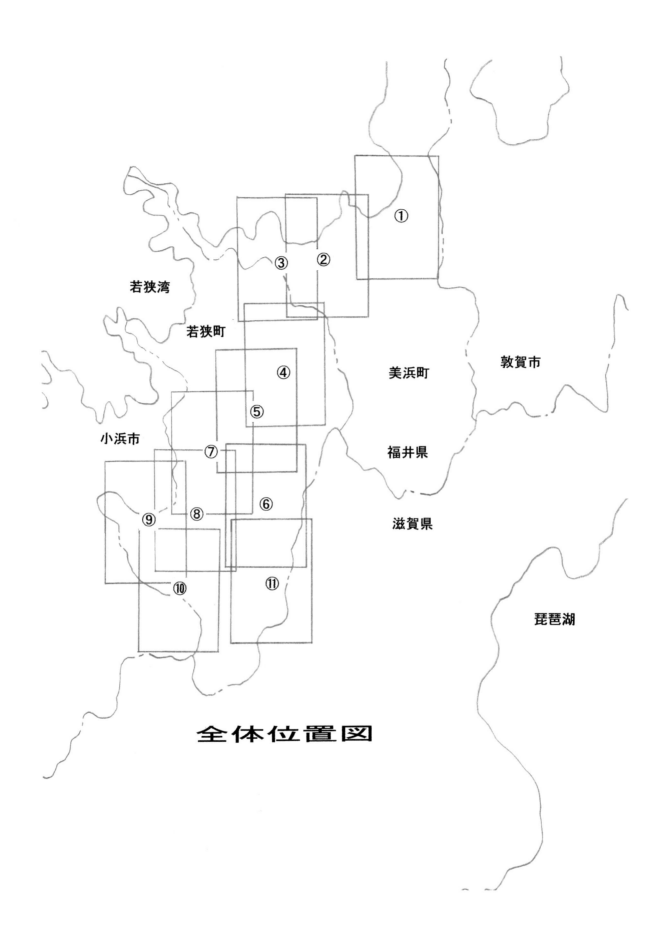

① ③ ② ④ ⑤ ⑦ ⑥ ⑨ ⑧ ⑩ ⑪

若狭湾

若狭町

小浜市

美浜町

敦賀市

福井県

滋賀県

琵琶湖

全体位置図

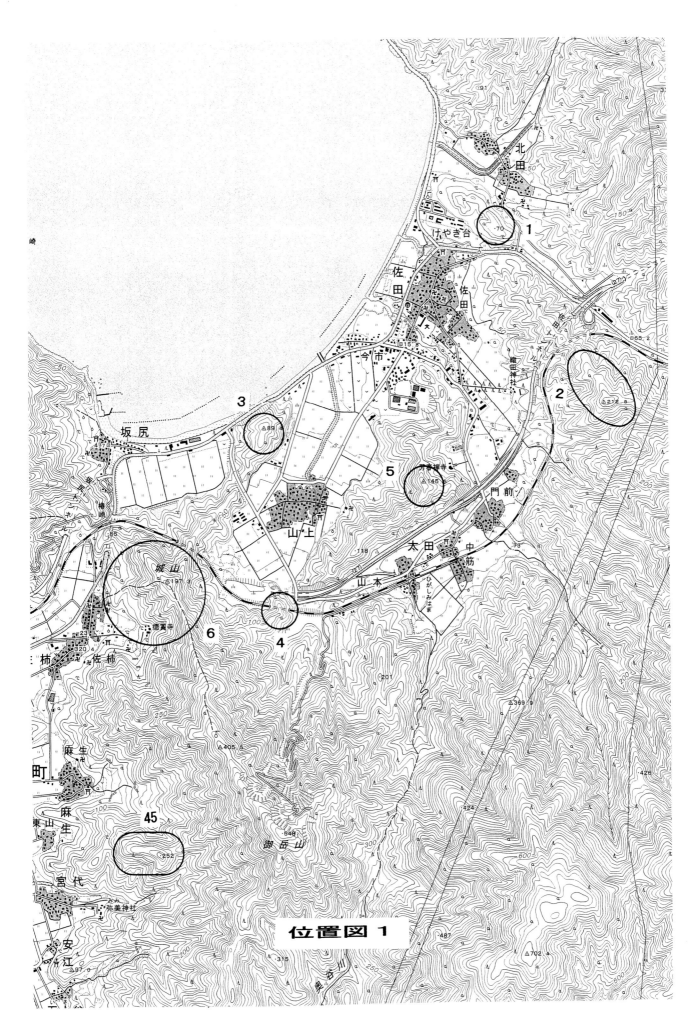

位置図 1

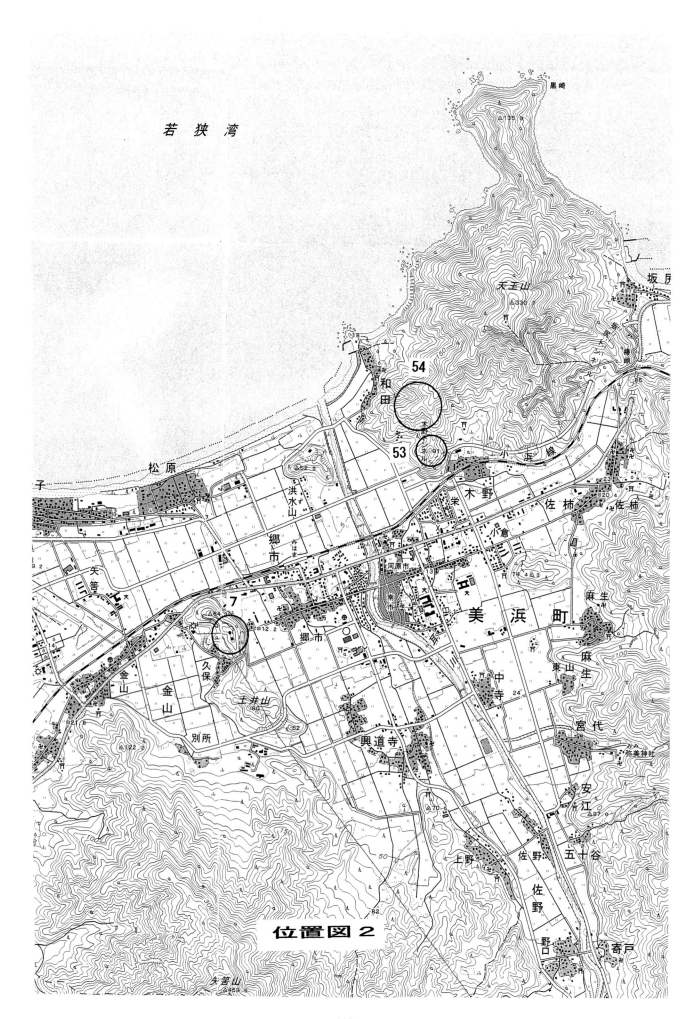

若狭湾

黒崎

位置図2

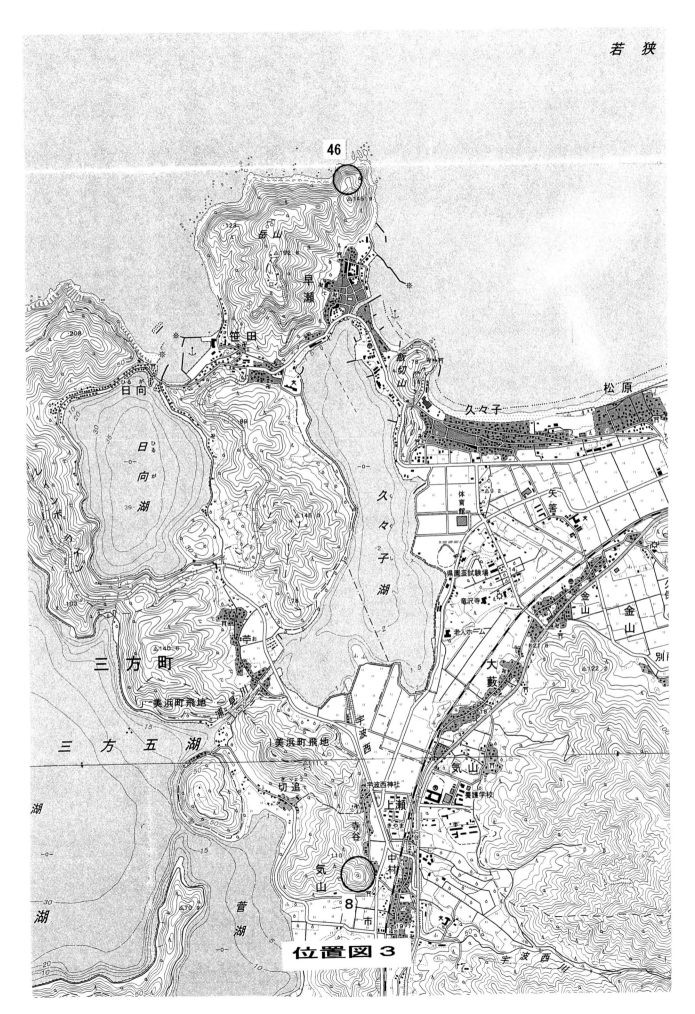

若狭

46

位置図3

8

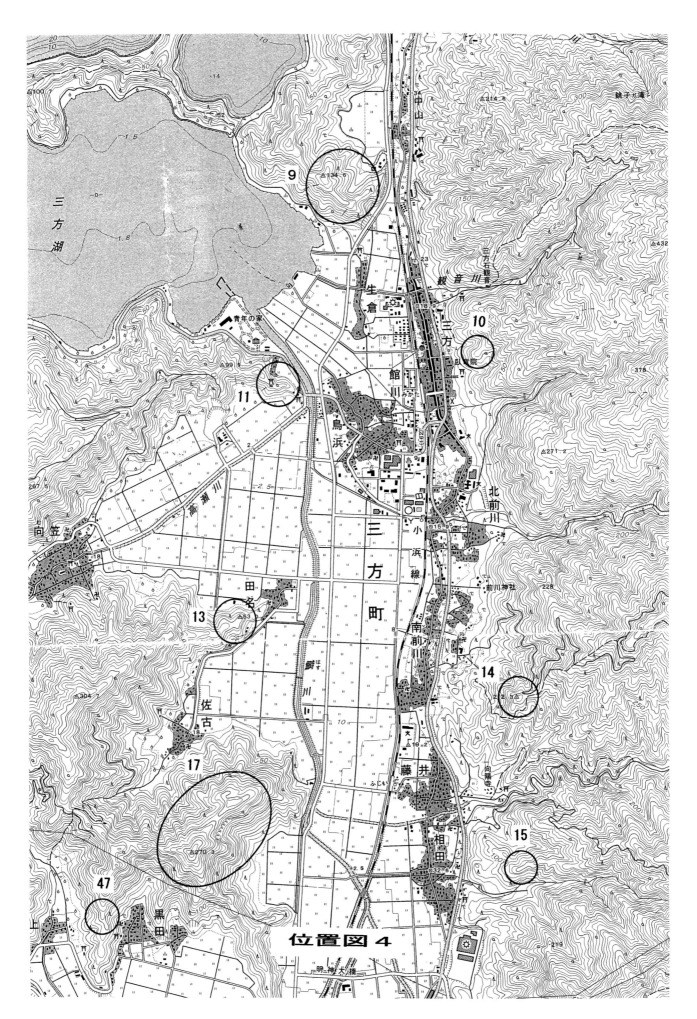

位置図４

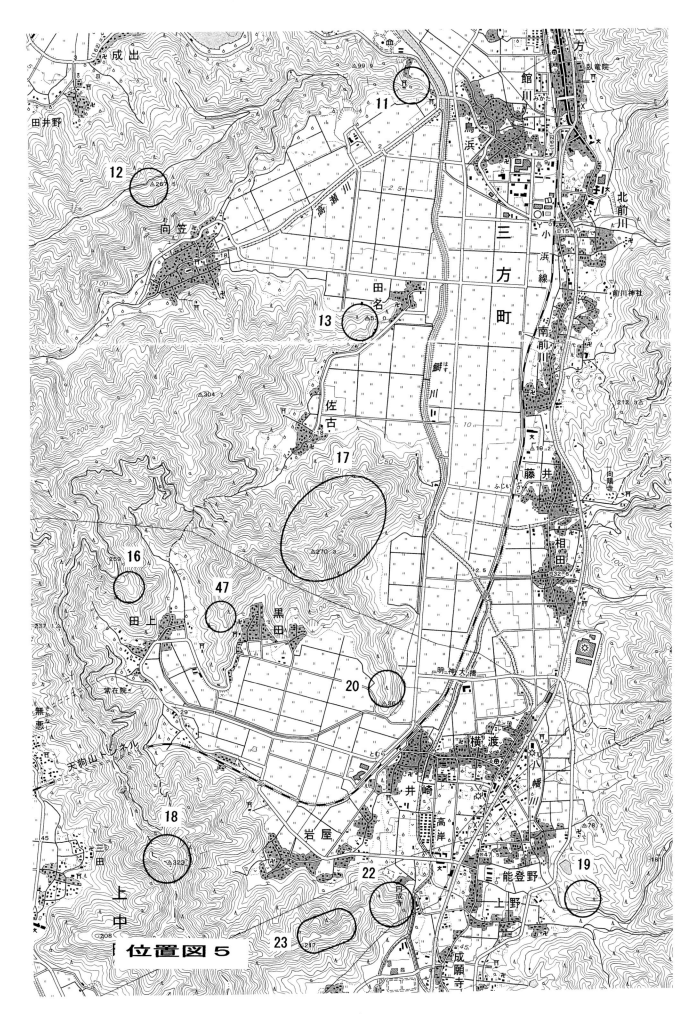

位置図5

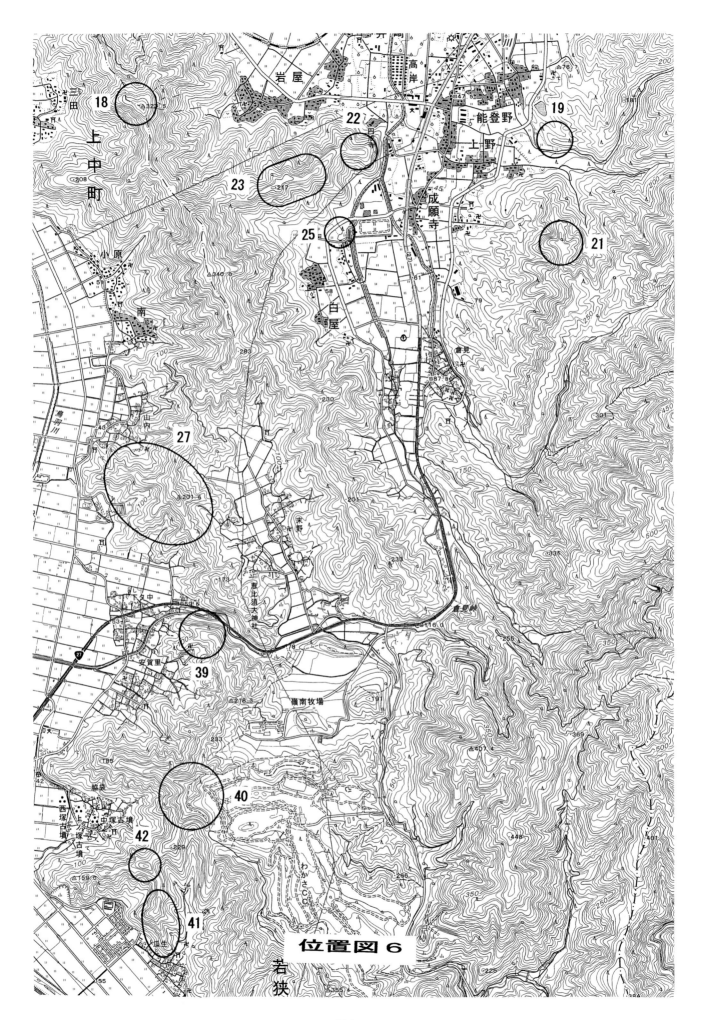

位置図6

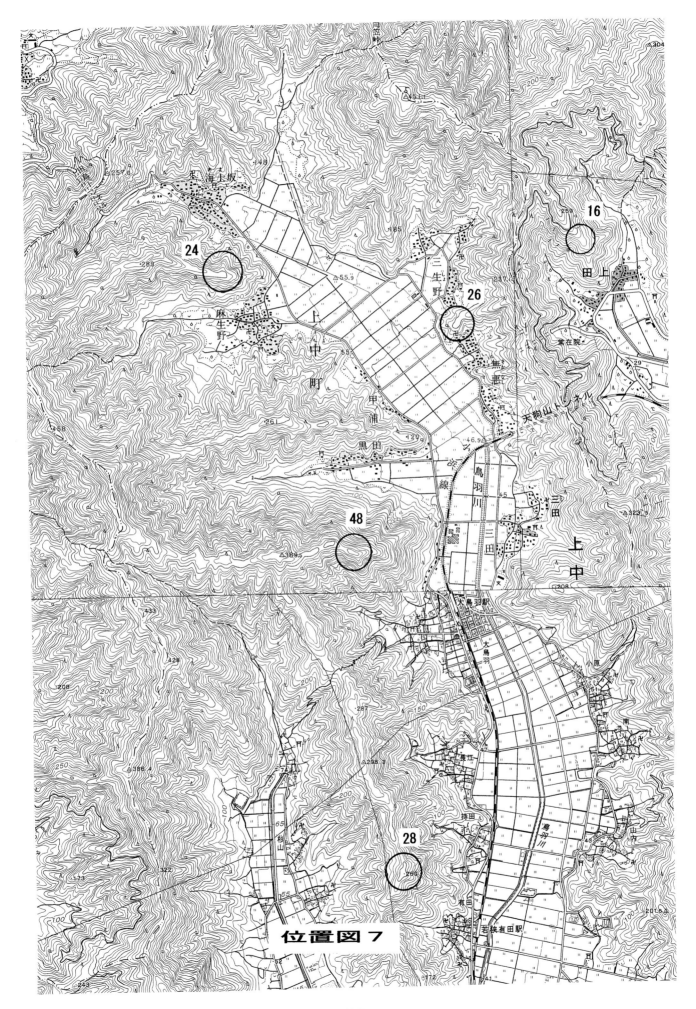

位置図7

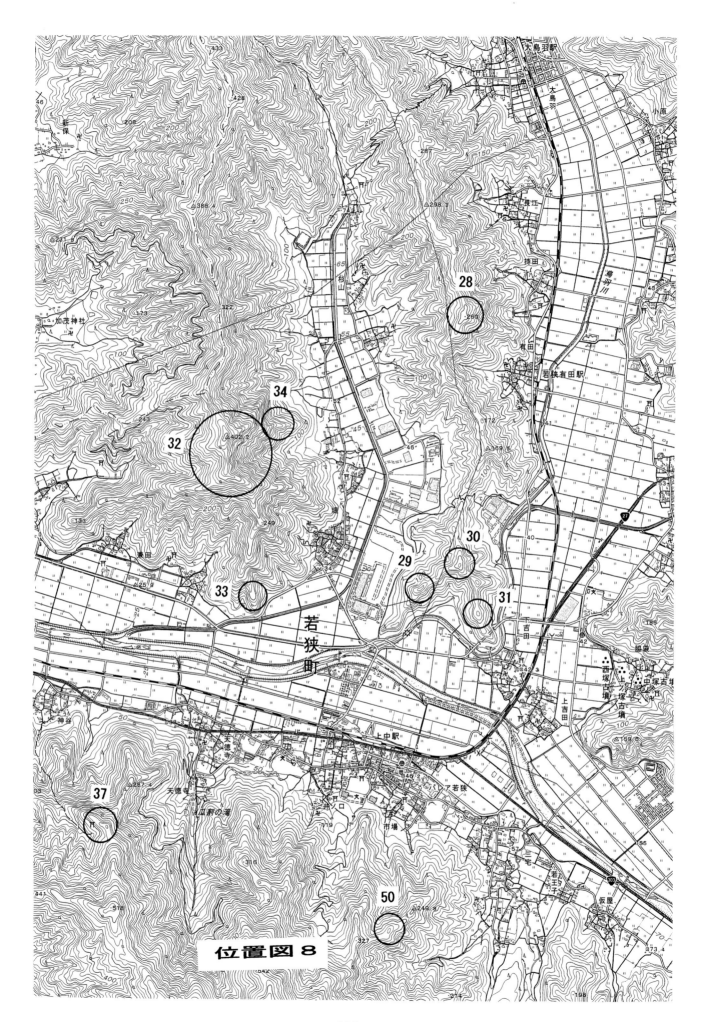

位置図8

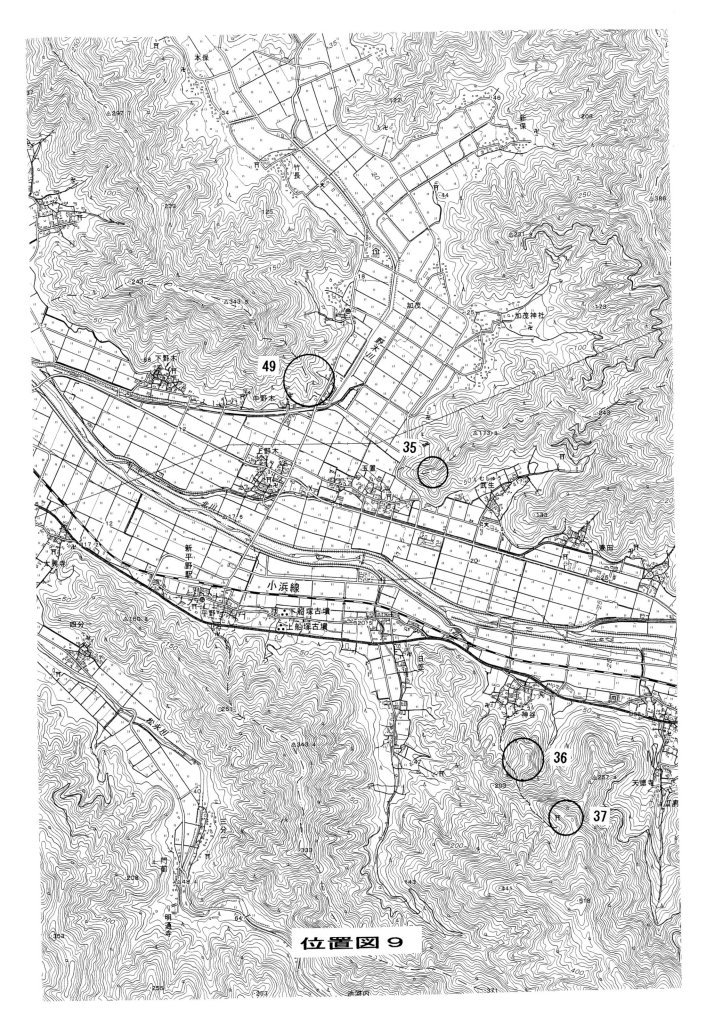

位置図9

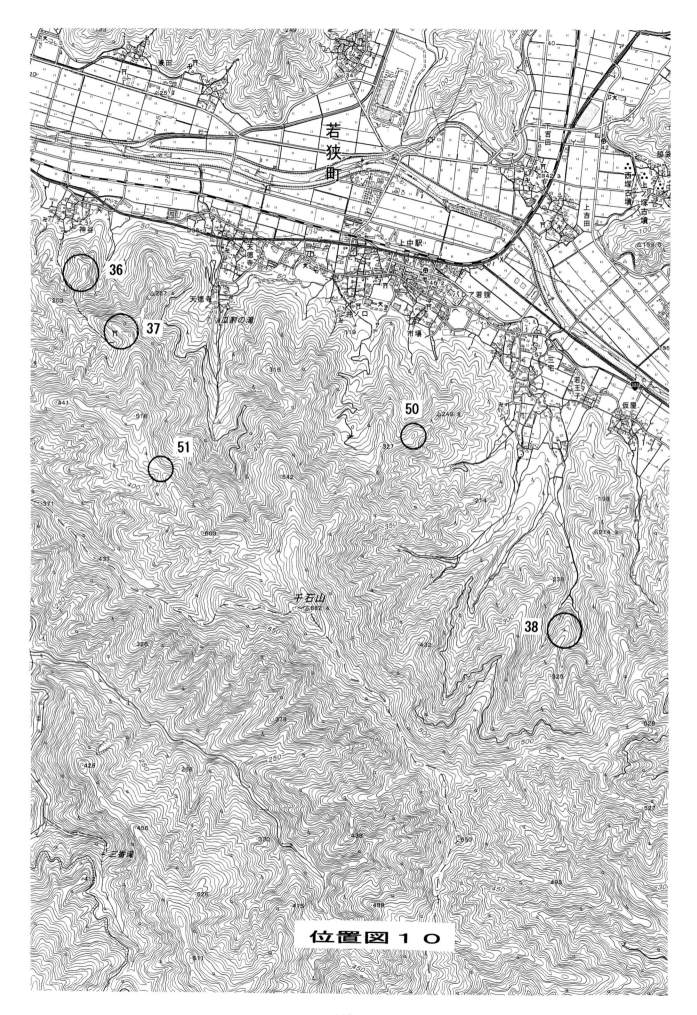

位置図１０

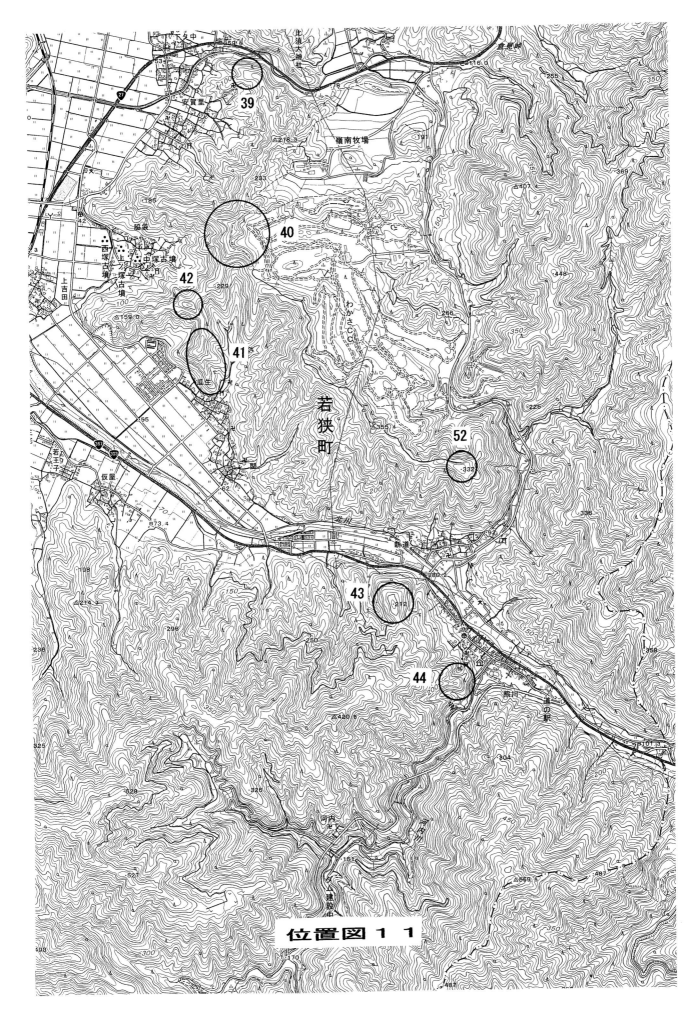

位置図１１

あとがき

　「大森先生はすごかった！！」というのが正直な感想である。過去も現在も、そして未来も故大森宏先生の若狭中世城郭研究の第一人者としての位置は不動と確信しており、新参者である筆者など先生の足元にも及ばなかった。大森先生の研究に接すれば接するほど、その業績の偉大さをヒシヒシと感じていたのである。

　大森先生が若狭の中世城郭を研究していた昭和４０～５０年代は、現在とは比較にならないほど研究環境は悪かった。なにしろ、どこに、どのような城が、どのような形で存在しているのか、ほとんどわかっていなかったのである。大森先生はほぼ独力で一つずつ、丹念に調べられたのである。さらに交通事情も悪く、現在では城跡付近まで林道が開通し、短時間で到達できる城跡でも、麓から徒歩で登城しなければならなかったのである。従って城郭の知識の他に、登山の知識・登山の体力も必要としたのである。大森先生は想像を絶する困難を克服して城郭研究を確立したのであり、その偉大さには畏敬の念すら覚える。

　しかし、大森先生の偉大な業績といえども約４０年が経過し、見直しの時期に来ていたのも事実である。この間の城郭研究は大きく進展し、特に若狭に大きな影響力を及ぼした朝倉氏城郭研究は大きな変換期に立っていた。外部からの再調査が必要不可欠だったのである。大森先生の業績に敬意を払いつつ、新しい視点で、急がずあわてず、一つ一つ丁寧に研究していこうと心に誓った。その研究成果が本書である。

　筆者が調査で重点を置いたのが、城館の正確な位置・形である。残念ながら大森先生の大書『戦国の若狭』には、若狭全体の位置図は記載されていたが、詳細な位置図は掲載されていなかった。福井県遺跡地図に記載された城館の位置も、間違いが多く見られた。このため1/25000の国土地理院地図に正確な位置を記載した。また全ての城館には縄張図を記載し、正確な形を図示するよう心がけた。少しでも正確な形を捉えるために、二度・三度と現地調査を実施し、またなるべく複数人にて現地調査を実施し、少しでも主観性を排除するよう努めた。

　大森先生の大書『戦国の若狭』に城館とされていて本書に書いていない城館、あるいは大森先生が「上城・下城」と書いているのに本書では「上城」しか書いていない城館がある。大変申し訳ないが、これは筆者が城館ではないと判断したため書かなかったのである。決して調査不足、あるいは調査をしなかったため、書かなかったわけではないことをお断りしておく。

　正直、若狭中世城館には驚かされた。それはあまりにも縄張りが発達しているからである。まず石垣を使用した城館の多さである。何の変哲もないごく普通の在地領主の城館にも使用している。勿論織豊系城郭のように重量構造物を支えるような重厚な石垣ではなく、虎口や櫓台の一部に化粧用として用いているにすぎないが、古くから石垣を用いていたことは事実である。

　次に虎口が発達していることである。勿論これも織豊系城郭のような明確な枡形虎口までに発達していないが、土塁・横堀等を用いて屈曲して入る構造に変化させているのである。平虎口が一般的だった在地領主の城館において、驚異的な虎口の発達と言わねばならない。

　なぜ縄張りが発達しているのか、筆者にもわからない。しかし、それは織豊系城郭とは違った発達系であり、若狭在地領主が独自に発達した縄張りなのである。在地領主の発達形態を知る上で、格好の対象となろう。若狭と隣接する江北の城郭も発達しており、このことがヒントになるのかもしれない。若狭は越前朝倉氏の影響を強く受けている。若狭城館の研究には、近江・越前の城郭研究が必要不可欠であることは言うまでも無い。

　地元の研究者だけでは見えてこないものもある。新視点で研究する必要性を痛感していた筆者は、某社が発行する城館本の編者となり、外部研究者を入れて、新視点の城郭研究史を発表した。賛否両論あると思うが、停滞していた城郭研究を一歩前進させたと確信している。

　本書を作成するにあたり、現代の国吉城主とも言うべき美浜町教育委員会の大野康弘氏には公私共にお世話になった。また、村田修三氏・中井均氏・高橋成計氏・高田徹氏の研究論文を大いに参考させていただいた。また、文献史学の立場から、河村昭一氏の研究成果も大いに参考させていただいた。この場を借りて厚く御礼申し上げる次第である。そして今回も筆者のワガママを全面的に受け入れていただいた桂書房の勝山社長にお礼申し上げ、最後としたい。

筆者紹介

佐 伯 哲 也 (さえきてつや)

①昭和３８年１１月２３日　富山県富山市に生まれる

②昭和５７年４月関西電力株式会社に入社する。

③平成８～１５年、富山・石川・岐阜県の中世城館跡調査の調査員として各
　県の城館を調査する。

④北陸を中心として、全国の中世城郭を約２，０００ヶ所調査する。

⑤主な在籍団体
　　北陸城郭研究会（会長）　越中史壇会　富山考古学会　石川考古学会

⑥主な著書
　　越中中世城郭図面集Ⅰ～Ⅲ　能登中世城郭図面集　加賀中世城郭図面集
　　飛驒中世城郭図面集　越前中世城郭図面集Ⅰ～Ⅲ
　　戦国の北陸動乱と城郭　越前朝倉氏の城郭と合戦
　　北陸の名城を歩く福井編（共編）　北陸の名城を歩く富山編（編）

⑦現住所
　　富山県富山市小杉２１４３－６　℡（０７６）４２９－８２４３

若狭中世城郭図面集Ⅰ　若狭東部編
（美浜町・若狭町）

Ⓒ Saeki Tetsuya 2022　ISBN 978-4-86627-124-8

定　価　三、〇〇〇円＋税

初版発行　二〇二二年十月三十一日

著　者　佐伯哲也

発行者　勝山敏一

発行所　桂　書　房
　　　　〒930-0103 富山市北代三六八三─一一
　　　　TEL 〇七六─四三四─四六〇〇
　　　　FAX 〇七六─四三四─四六一七

印　刷　株式会社すがの印刷

地方小出版流通センター扱い